Praxishandbuch Kinder stark machen

Mit kreativen Ideen Kinder ganzheitlich aufs Leben vorbereiten

Sehr geehrte Leserin, sehr geehrter Leser,

wir freuen uns, Ihnen das „**Praxishandbuch Kinder stark machen**" präsentieren zu können. Um die Kinder in Ihrer Einrichtung für gegenwärtige und zukünftige Anforderungen zu rüsten, vermitteln Sie ihnen neben dem reinen Sachwissen wichtige soziale Fähigkeiten wie Einfühlungsvermögen, Teamfähigkeit und Kompromissbereitschaft. **Sie tragen mit Ihrer Arbeit ganz entscheidend dazu bei, dass Kinder zu starken Persönlichkeiten** heranreifen, die sich den Anforderungen des Lebens mutig stellen. **Bei Ihnen lernen die Kinder fürs Leben**.

Um Sie in Ihrer wertvollen Erziehungs- und Bildungsarbeit bestmöglich zu unterstützen, haben wir für Sie im „Praxishandbuch Kinder stark machen" auf 1192 Seiten kreative Ideen und Empfehlungen aus der Praxis rund um eine ganzheitliche Förderung zusammengetragen. Lesen Sie u. a., wie Sie

- Ihren Kita-Kindern **mit Worten, Gesten und „kleinen Helfern"** positiv zusprechen, um sie für die alltäglichen Anforderungen zu rüsten, z. B. durch ermutigende Geschichten oder auch ein selbsthergestelltes Foto-Bilderbuch mit liebevollen Erinnerungen an die Kita-Zeit;
- mit Kita-Kindern **Demokratie aktiv leben**, z. B. durch die Einrichtung eines Gruppenrates, die Einführung von Patenschaften oder auch mit Spielen, die den Teamgeist fördern;
- Ihren Kita-Kindern eine gesunde **Balance zwischen Anspannung und Entspannung** vermitteln, z. B. durch Naturerfahrungen, Fantasiereisen oder auch pantomimisches Rollenspiel.

Mit unserem „Praxishandbuch Kinder stark machen" unterstützen wir Sie dabei, Kinder zu mutigen, optimistischen und aufmerksamen Persönlichkeiten mit Selbstvertrauen und Gemeinschaftssinn zu erziehen. Sie finden alle **praxisnahen Arbeitshilfen** wie Checklisten, Musterschreiben, Selbsttests, Spielideen und Bastelanleitungen **auf der beiliegenden CD-ROM**. Damit können Sie alle Formulare in nur wenigen Minuten auf Ihre Einrichtung übertragen und anpassen.

Die unterschiedlichen Ideen und Anregungen sind so dargestellt, dass sie **sofort in die Praxis** umgesetzt werden können. Jeder Vorschlag bietet Ihnen dabei **konkrete Umsetzungsmöglichkeiten** für eine ganzheitliche Förderung.

Wir wünschen Ihnen viele neue Entdeckungen und Erkenntnisse, damit Sie den Kindern zu einem selbstbewussten und selbstbestimmten Umgang mit und in ihrer Welt verhelfen können!

Herzliche Grüße,

Petra Bartoli
Dipl.-Sozialpädagogin, Erzieherin

Ellen Tsalos
Jugend- und Heimerzieherin,
und freie Autorin7 Fachbuchautorin

PS: Mit dem **„Praxishandbuch Kinder stark machen"** erhalten Sie alle Muster, Checklisten und Tabellen zum direkten Einsatz auf CD-ROM.

Inhaltsverzeichnis

Inhaltsverzeichnis

1. Teil: Starke Partner für starke Kinder

Die eigenen Stärken im Fokus

Kinder sind auf Bezugspersonen angewiesen, die ihnen Halt geben und sie im Alltag ermutigen. Eine wesentliche Voraussetzung ist eine starke Persönlichkeit der Bezugsperson. In Ihrer täglichen Arbeit mit den Kindern machen Sie ein professionelles Beziehungsangebot. Sie sind Vorbild und benötigen dazu neben Ihrem Fachwissen auch eine gute Selbstwahrnehmung, Selbstbewusstsein und Reflexionsfähigkeit.

Nehmen Sie Ihre eigenen Stärken in den Blick

Kinder profitieren davon, wenn Sie sich in regelmäßigen Abständen bewusst wahrnehmen, reflektieren und wertschätzen. Es geht nicht darum, Fehler zu suchen. Oft genug werden Sie im Alltag auf Dinge hingewiesen, die noch zu verbessern sind. Lenken Sie Ihren Blick gezielt auf Ihre Stärken und Fähigkeiten. Nehmen Sie sich dazu Zeit und nutzen Sie den nebenstehenden Selbstbeobachtungsbogen dafür. Er führt Sie mit Fragen durch Ihre alltäglichen beruflichen Anforderungen.

So benutzen Sie ihn:

- Füllen Sie den Bogen in Ruhe und ohne Zeitdruck aus. Es geht um Sie und Ihre persönlichen Stärken. Dafür dürfen Sie sich Zeit nehmen! Sorgen Sie dafür, dass Sie von nichts und niemanden, wie etwa Telefon oder Kolleginnen, während des Ausfüllens gestört werden.

- Nicht Fremdwahrnehmung, sondern Ihr eigener Blick auf Ihre Stärken ist gefragt. Füllen Sie deshalb den Beobachtungsbogen allein und ohne Rücksprache mit Kolleginnen aus. Dies würde Ihre Einschätzung nur verfälschen.

- Bewahren Sie Ihren ausgefüllten Bogen auf. Er kann als Grundlage für eine Selbstreflexion oder zur persönlichen Ermutigung hilfreich sein. Wenn Sie zu einem späteren Zeitpunkt eine weitere Selbstbeobachtung machen, können Sie die Ergebnisse vergleichen und Veränderungen wahrnehmen.

Aspekte einer starken Persönlichkeit

Sie haben Ihre Stärken in verschiedensten Bereichen. Gehen Sie die folgenden Bereiche in Gedanken durch und treffen Sie eine Einschätzung von sich und Ihren Talenten.

1 „Soziale Kompetenz"

Hier sind Ihre Fähigkeiten bezüglich Einfühlungsvermögen und Menschlichkeit gefragt. Sie haben einen Beruf gewählt, der die Arbeit mit Menschen in den Mittelpunkt stellt. Was bringen Sie dafür an besonderen Fähigkeiten mit? Haben Sie z. B. einen guten Kontakt zu Kindern, weil Sie ihnen gut zuhören können? Oder schaffen Sie es, ein weinendes Kind wertschätzend zu trösten?

Die eigenen Stärken im Fokus

2 „Gute Worte"

Was Sie sagen, hat bei den Kindern Gewicht. Was gelingt Ihnen in der Kommunikation mit den Kindern gut? Bleiben Sie beispielsweise ruhig und freundlich, wenn Sie mit einem Kind sprechen? Oder nehmen Sie das Kind ernst, indem Sie im Gespräch nachfragen und Interesse zeigen?

3 „Körpersprache"

Was sagt Ihr Körper über Sie aus? Beobachten Sie sich genau und versuchen Sie eine Einschätzung zu treffen. Wo unterstützen Sie, durch Gestik und Mimik Ihr persönliches Auftreten? Gehen Sie bei Gesprächen auf die Ebene des Kindes? Und versuchen Sie, mit dem Kind Blickkontakt herzustellen?

4 **„Ganz besondere Stärken"**

Nun dürfen Sie Ihre exklusiven Stärken erkennen, wertschätzen und benennen. Was macht Sie so wertvoll und gut in Ihrer Arbeit? Sind Sie beispielsweise eine Sportskanone und wecken deshalb auch bei den Kindern Begeisterung für verschiedene sportliche Aktivitäten? Oder sind Sie besonders musikalisch und die Kinder profitieren davon?

Auswertung ohne Wertung

Im Alltag werden positive Eigenschaften häufig als selbstverständlich hingenommen. Durch den Beobachtungsbogen haben Sie die Möglichkeit, sich selbst wertzuschätzen. Darum finden Sie hier keine Auswertung des Bogens im herkömmlichen Sinne. Nehmen Sie sich den ausgefüllten Bogen zur Hand und sehen Sie sich in Ruhe an, welche Einschätzung Sie von sich selbst getroffen haben. Ziel des Selbstbeobachtungsbogens ist es, gute Eigenschaften an sich kennen und schätzen zu lernen.

Die Kinder Ihrer Einrichtung dürfen täglich von Ihren besonderen Talenten profitieren. Gestärkt durch diese Erkenntnis sollten Sie sich mit den Stärken und Ressourcen jedes einzelnen Kindes auseinandersetzen. Nur wer sich seiner eigenen Stärken bewusst ist, kann auch die Stärken der Anderen wertschätzen. Nehmen Sie sich wichtig!

Muster-Selbstbeobachtungsbogen: Meine starken Seiten

Name: Silke	Darum bemühe ich mich!	Das kann ich gut!	Das kann ich besonders gut!
1 ▶ Soziale Kompetenz:			
Ich kann gut auf Kinder zugehen.			X
Ich frage nach, ob sich ein Kind z. B. traurig oder wütend fühlt.		X	
Ich nehme mir Zeit, wenn ein Kind mir von seinen Sorgen / Gedanken / Wünschen erzählt.		X	
Ich kann gut trösten.			X
Ich nehme Kinder ernst.			X
Ich lache gern.			X
2 ▶ Gute Worte:			
Ich spreche Kinder ruhig an.		X	
Ich suche nach den richtigen Worten		X	
Ich formuliere meine Aussagen positiv.			X
Ich spreche freundlich, aber klar und aussagekräftig.			X
Ich interessiere mich für das, was ein Kind mir erzählt.			X
3 ▶ Meine Körpersprache:			
Ich begebe mich auf Augenhöhe der Kinder.		X	
Ich wende mich dem Kind beim Sprechen zu.			X
Ich nehme meine Körpersprache bewusst wahr.	X		
Ich ermutige Kinder durch ein Lächeln, Zwinkern usw.		X	
4 ▶ Meine ganz besonderen Stärken:			

Ich kann besonders gut (bitte eintragen, z. B. zuhören, erzählen usw.):
Märchen fesselnd erzählen

Viele Ideen habe ich, wenn es um Folgendes geht (bitte eintragen, z. B. kreative Dinge, sportliche Aktivitäten, Feste und Feiern usw.):
Spiele im Freien

Am meisten schätze ich an mir (Bitte tragen Sie hier Ihre persönliche „Lieblingsstärke" ein):
Dass ich es schaffe, meine Begeisterung für die Natur an Kinder weiterzugeben

Muster-Selbstbeobachtungsbogen auf CD-ROM

Ermutigende Teamsitzungen für ein starkes Team

Gemeinsam haben Sie als Team die Aufgabe, Tag für Tag kreativ, voller Schwung und mit pädagogischem Geschick die Kinder Ihrer Einrichtung zu fördern und in ihrer Entwicklung zu unterstützen. Sie selbst sind Bezugsperson und Vorbild zugleich. Das ist eine gute Basis für Ihre individuelle Arbeit. Doch besonders profitieren Kinder davon, wenn alle Mitarbeiterinnen einer Kita gern im Team der Einrichtung arbeiten und dabei an einem Strang ziehen. So entsteht eine positive Stimmung, in der sich auch die Kinder wohlfühlen.

Verfolgen Sie gemeinsame Ziele

Regelmäßig treffen Sie sich im Team, um Absprachen zu treffen und gemeinsame Ziele festzulegen. Bei diesen Sitzungen können Sie den Grundstock für ein produktives Miteinander legen. Aber nicht immer ist es einfach, verschiedene Persönlichkeiten, Anliegen und Meinungen unter einen Hut zu bekommen. Wenn Konflikte das Klima im Team belasten, spüren das auch die Kinder. Darum ist es wichtig, entstehende Konflikte in Teamgesprächen sofort zu klären. Die so gewonnene Stärke und Sicherheit können Sie Kindern dann vermitteln, wenn auch Sie das als Team ausstrahlen.

Neben dem konstruktiven Umgang mit Konflikten und einem zielgerichteten Arbeiten ist es förderlich für ein Team, wenn es aktiv an einem guten Arbeitsklima arbeitet. Wenn Sie sich in Ihrem Team wohlfühlen, können Sie sich ohne Bedenken oder Angst vor negativer Kritik einbringen. Dann erleben die Kinder die Stärken aller Mitarbeiterinnen eines starken Teams. Das schafft Orientierung und Sicherheit. Folgende Anregungen helfen Ihnen dabei:

1 Schaffen Sie eine gute Atmosphäre

Achten Sie darauf, dass für die geplante Teamsitzung ein angenehm temperierter Raum zur Verfügung steht. Schalten Sie alle störenden Faktoren wie Telefon, Handy usw. für den Zeitraum der Besprechung ab. Bereiten Sie den Raum ansprechend vor. Dafür können Sie Kerzen anzünden und gesunde Knabbereien wie Gemüsesticks oder auch ein paar Blumen auf den Tisch stellen.

2 Ermutigen Sie sich gegenseitig

Stärkend in der Hektik des Alltags kann es für Sie sein, von Kollegen ermutigt zu werden. Geben auch Sie selbst positive Rückmeldungen im Team. Das gelingt Ihnen, indem Sie regelmäßig überdenken, was Sie an einer Kollegin schätzen. Sagen Sie sich gegenseitig, was Ihnen z. B. in der vergangenen Woche besonders positiv bei einer Kollegin aufgefallen ist. Nehmen Sie sich die Zeit, sich gegenseitig zu ermutigen. Planen Sie dafür eine feste Zeit im Rahmen einer Teamsitzung ein. Dann können Sie ohne Druck und Stress Ihre Konzentration auf die Wertschätzung der Kollegin lenken und dabei selbst bereichernde Impulse bekommen.

Machen Sie sich ein positives Bild von Ihrer Position im Team

Hängen Sie ein Foto von Ihrem gesamten Team in der Einrichtung auf. Genau wie ein Gruppenfoto der Kitakinder zeigt auch dieses Bild eine Gemeinschaft. Das schafft Zusammenhalt. Auf dem Foto sehen Sie auch auf einem Blick, dass Sie einen Platz im Team haben. Sie sind ein wichtiges Mitglied dieser Arbeitsgemeinschaft. Das zu wissen gibt Kraft und Sicherheit, die Sie auch wieder an die Kinder weitergeben können.

3 Nutzen Sie kollegiale Beratung

Oft haben Sie im Alltag schwierige Situationen zu meistern. Es steht beispielsweise ein wichtiger Elternabend bevor oder Sie fragen sich, wie Sie mit dem auffälligen Verhalten eines Kindes umgehen sollen. Bringen Sie Ihre Fragen bei einer Teamsitzung ein. Nutzen Sie diese Besprechungen auch, um gemeinsam Feste, Feiern und Aktivitäten zu reflektieren. So können Sie sich gegenseitig beraten. Sie profitieren von den Erfahrungen Ihrer Kolleginnen. Mit neuen Lösungsvorschlägen und Ideen können Sie sich wiederum gestärkt den Anforderungen des Alltags stellen.

Checkliste: So gestalten Sie eine ermutigende Teamsitzung

	o. k.?
Ich habe für eine gute Atmosphäre gesorgt, indem ich z. B. die Temperatur des Raumes kontrolliert und eine Kerze auf den Tisch gestellt habe.	❑
Ich habe alle störenden Faktoren abgeschaltet, z. B. Handy oder PC.	❑
Ich habe einen genauen Zeitrahmen festgelegt, damit jede Mitarbeiterin sich schon im Vorfeld auf Beginn und Dauer der Besprechung einstellen kann.	❑
Ich habe im Voraus alle Anliegen der anderen Kolleginnen gesammelt und sie auf eine Tagesordnung geschrieben. Somit müssen nicht erst in der Teamsitzung weitere Punkte aufgenommen werden.	❑
Wir geben uns im Team zu Beginn der Besprechung gegenseitig eine kurze positive Rückmeldung.	❑
Alle Teammitglieder haben Zeit, zurückliegende Aktivitäten, z. B. Feste, Feiern oder Projekte, zu reflektieren.	❑
Ich suche aktiv den Rat meiner Kolleginnen.	❑
Ich halte die Gesprächsregeln ein, d. h., ich lasse andere ausreden, halte Blickkontakt zur sprechenden Person und zeige Interesse am Gesagten.	❑
Ich respektiere die Meinung anderer. Das zeige ich durch eine freundliche Reaktion auf das Gesagte, auch wenn eine andere Meinung vertreten wird als die meine.	❑
Ich halte mich an gemeinsame Vereinbarungen, z. B. an Absprachen, wer was bei einem Fest übernimmt.	❑
Ich orientiere mich an gemeinsamen Zielen unseres Teams, indem ich z. B. ein Konzept für unsere Einrichtung erarbeite und die vereinbarten Ziele kenne.	❑

Checkliste auf CD-ROM

Starke Beratung für starke Eltern

Die ersten und wichtigsten Bezugspersonen eines Kindes sind seine Eltern. Sie als Fachkraft gehen mit den Eltern der Kinder ab Beginn des Kitabesuchs eine Erziehungspartnerschaft ein. Zusammen versuchen Sie, für das Kind die besten Voraussetzungen zu schaffen, damit es glücklich und gesund aufwachsen kann.

Unterstützen Sie Eltern in der Erziehung

Eine Ihrer zentralen Aufgaben neben der Arbeit mit den Kindern ist es, Eltern im Umgang mit ihren Kindern zu unterstützen. Im gemeinsamen Gespräch beraten Sie Eltern oder suchen gemeinsam nach Lösungen für Probleme. Dazu können Sie verschiedene Situationen nutzen:

- Ein **Einzeltermin** bietet Ihnen die Möglichkeit, intensiv und individuell auf die Bedürfnisse der Eltern einzugehen. Sie können sich hier Zeit nehmen und Eltern detailliert informieren.

- Im Rahmen eines **Elternabends** sprechen Sie eine große Zahl von Eltern an. Hier ist Platz für allgemeine Fragen zum Thema Erziehung. Bei weiteren oder speziellen Fragen vereinbaren Sie einen Gesprächstermin.

- Der **Elternstammtisch oder Elterntreff** bietet die Möglichkeit, die Eltern zwanglos über Erziehungsaspekte zu informieren. Im Gespräch findet ein Erfahrungsaustausch statt, der Eltern ein Gefühl der Solidarität und des gegenseitigen Verständnisses vermitteln kann.

- **Elternkurse** unterstützen Eltern dabei, mehr Sicherheit bei Schwierigkeiten mit den Kindern zu erlangen und Handlungsalternativen kennen zu lernen. Einen Überblick über empfehlenswerte Elternkurse finden Sie auf Seite 14 und 15 in diesem Praxishandbuch.

Helfen Sie, Signale und Bedürfnisse der Kinder zu erkennen

In Ihren Gesprächen mit den Eltern sollten Sie die Gelegenheit nutzen, diesen die Beweggründe für verschiedene Verhaltensweisen ihrer Kinder nahezubringen. Nur wer sein Kind versteht, kann auch auf dessen Bedürfnisse eingehen. Sprechen Sie folgende Aspekte an:

1 Bedürfnisse kennen und verstehen: Kinder wollen mit ihrem Verhalten nicht stören oder ärgern, sondern Aufmerksamkeit, Geborgenheit und Liebe erfahren. Erklären Sie den Eltern, dass dies die Beweggründe für verschiedene Verhaltensweisen ihres Kindes sind. Wenn Eltern verstehen, dass ihr Kind nicht böse ist, sondern ein echtes Bedürfnis hat, können sie im Alltag ruhiger und gelassener bleiben. Verstehen Eltern z. B., dass das Kind sich gekränkt fühlt, wenn sie sich intensiv mit dem neuen Geschwisterchen beschäftigen, können sie geduldiger z. B. mit wütendem Geschrei des Kindes umgehen.

2 **Kinder ermutigen:** „Ein Kind braucht Ermutigung wie eine Pflanze das Wasser." Dieser Gedanke wurde durch Rudolf Dreikurs, einen bekannten Individualpsychologen, geprägt. Zeigen Sie Eltern, wie sie mit Gesten, Worten und Taten ihren Kindern Mut machen können. Besonders ermutigend ist es beispielsweise, wenn Eltern ihrem Kind sagen, wie lieb sie es haben, und es dabei in den Arm nehmen. Dadurch fühlt sich das Kind geborgen und wertvoll.

3 **Kindern Grenzen setzen:** Kinder brauchen jemanden, der ihnen den Weg weist und sie dabei begleitet. Faire, aber konsequente Partner helfen ihnen, situationsangemessenes Verhalten zu erlernen. Bestärken Sie Eltern in einer wertschätzenden, aber klaren Erziehungshaltung. Das gelingt Ihnen, indem Sie Eltern darauf hinweisen, dass Klarheit und Konsequenz für Kinder Sicherheit und Orientierung bedeuten. Wenn ein Kind z. B. weiß, dass es seinen verschütteten Saft selbst wieder aufwischen muss, lernt es, die Folgen für seine Handlungen selbst zu übernehmen.

Konflikte gehören dazu

Weisen Sie ratsuchende Eltern darauf hin, dass auch Konflikte zwischen Eltern und Kindern zum Leben gehören. Sie lassen sich nicht vermeiden. Darüber hinaus sind sie, wenn Eltern richtig damit umgehen, für Kinder bereichernd und entwicklungsfördernd. In der nebenstehenden Tabelle finden Sie nützliche Tipps, die Sie in der Beratung der Eltern verwenden und ihnen als Kopie mitgeben können. So haben Eltern die Zusammenfassung Ihrer Beratung schnell zur Hand und können sich Ihre Hinweise rasch ins Gedächtnis rufen.

Tabelle: So geben Sie Eltern wertvolle Tipps zur Kindererziehung an die Hand

Wichtige Grundhaltungen	Hilfreich in folgenden Situationen	Mögliche Reaktionen
1 ▶ Bedürfnisse der Kinder kennen und verstehen	■ Wenn ein Kind durch Stören oder Quengeln versucht, Aufmerksamkeit zu bekommen ■ Wenn ein Kind sich weigert, Bitten oder Vereinbarungen zu erfüllen ■ Wenn ein Kind beschimpft oder verletzt ■ Wenn ein Kind sich zurückzieht und sich nichts zutraut	✔ Versuchen Sie, nicht auf das Quengeln zu reagieren. Nehmen Sie das Kind trotzdem in den Arm, ohne das Verhalten zu kommentieren. ✔ Treffen Sie Absprachen gemeinsam. Kinder wollen mitreden dürfen. ✔ Versuchen Sie, sich schnell wieder liebevoll Ihrem Kind zuzuwenden. ✔ Geben Sie dem Kind Aufgaben und teilen Sie diese in kleine Schritte auf. Somit ermöglichen Sie dem Kind ein Erfolgserlebnis.
2 ▶ Kinder ermutigen	■ Wenn ein Kind traurig ist ■ Wenn ein Kind vor einer schwierigen Situation steht ■ In ganz alltäglichen Situationen	✔ Sagen Sie dem Kind, dass Sie glauben, dass es die Aufgabe bewältigen kann. ✔ Zeigen Sie dem Kind auch durch Ihre Körperhaltung, dass Sie ihm etwas zutrauen. Sehen Sie es z. B. interessiert an, wenn es etwas Neues ausprobiert, oder lächeln Sie es dabei aufmunternd an und nicken. Nehmen Sie sich Zeit für das Kind.
3 ▶ Kindern Grenzen setzen	■ Wenn ein Kind sich oder anderen durch sein Verhalten schadet ■ Wenn ein Kind Abmachungen nicht einhält	✔ Bleiben Sie freundlich, aber konsequent, d. h., werden Sie nicht laut, aber bleiben Sie bei Ihrem „Nein". ✔ Erklären Sie dem Kind Ihren Standpunkt, z. B. dass Sie nicht einverstanden sind damit, wenn das Kind in sein Bilderbuch malt. ✔ Sprechen Sie logische Folgen für ein Verhalten aus, d. h., die Konsequenz hat mit dem Fehlverhalten zu tun und ist nachvollziehbar.

Tabelle auf CD-ROM

Elternkurse in der Kita

„Eltern werden ist nicht schwer, Eltern sein dagegen sehr." Das werden wohl alle Eltern uneingeschränkt bejahen – vor allem in Zeiten veränderter Familienstrukturen und schwieriger Alltagsbedingungen für Familien. Traditionelle Familienmodelle existieren kaum noch. Oft sind beide Eltern berufstätig oder ein Elternteil erzieht die Kinder allein. Ein Teil der Eltern ist dadurch mit der Versorgung und Erziehung ihrer Kinder überfordert und hat Schwierigkeiten, den Familienalltag zu organisieren. Ein anderer Teil der Eltern ist stark sensibilisiert für die Bedürfnisse ihrer Kinder. Sie möchten stets das Beste für ihr Kind, wollen es besonders fördern und Wünsche des Kindes schnell erfüllen. Dabei überfordern sie aber häufig ihre Kinder und sich selbst.

Sie als Erzieherin haben vielleicht den Eindruck, dass die einfachsten Grundsätze der Kindererziehung nicht mehr bekannt sind. Sie bemerken, dass Eltern kein Zutrauen mehr in die eigene Erziehungsfähigkeit haben und unter ihrem Autoritätsverlust leiden.

Legen Sie mit Elternkursen die Basis einer gelungen Erziehungspartnerschaft

In der Kita sind Sie zeitlich nicht in der Lage, genügend Angebote zur Elternbildung zu machen, um das alles aufzufangen. Sie können zwar in Gesprächen immer wieder „Stückwerk" leisten, indem Sie einzelne Aspekte erläutern, haben aber zu wenig Zeit, um mit den Eltern an ihrer Erziehungshaltung zu arbeiten. Sie erleben, dass Eltern wenig über Erziehung wissen, und finden so in manchen Elterngesprächen nicht den „fruchtbaren Boden", auf den Ihre Handlungsvorschläge fallen könnten. In dieser Situation können Elternkurse Abhilfe schaffen.

Elternkurse ermöglichen es den Eltern, ihr eigenes Erzieherverhalten zu reflektieren und neue Verhaltensmuster zu trainieren. Die Eltern lernen, die sozialen Kompetenzen und die Kooperationsfähigkeit ihrer Kinder zu fördern. Es wird nicht nur Theorie vermittelt, sondern es werden anhand von konkreten Beispielen aus ihrem Erziehungsalltag im Rollenspiel Lösungsmöglichkeiten erarbeitet. Letztendlich helfen Elternkurse dabei, eine wohlwollende tragfähige Eltern-Kind-Beziehung aufzubauen.

Das bringt ein Elternkurs Ihrer Einrichtung

Elternkurse fördern das gegenseitige Verständnis von Eltern und Erzieherinnen in Ihrer Einrichtung, da eine gemeinsame Basis zur Erziehungsarbeit geschaffen wird. Es fällt somit leichter, „gemeinsam an einem Strang zu ziehen". Zudem ergeben sich Gesprächsanlässe und Sie erhalten durch die Gespräche über den Kurs einen Einblick in die Kursinhalte.

Gleichzeitig haben Sie mit einem Elternkurs die Möglichkeit, auch Eltern, die sich bisher weniger Gedanken über Erziehung gemacht haben, zu erreichen. Sie können gerade diese durch ein Kursangebot für das Thema sensibilisieren, da es sich um ein so genanntes

„niederschwelliges" Angebot handelt – d. h., die Hemmschwelle der Eltern, an einem Elternkurs teilzunehmen, ist meist gering, wenn ihnen Teilnehmer und Umgebung bekannt und vertraut sind.

Darauf sollten Sie achten, wenn Sie einen Elternkurs anbieten

■ Die Inhalte des Kurses sollten wissenschaftlich belegt und auf ihre Wirksamkeit hin untersucht worden sein. Fragen Sie nach der Evaluation des Kurses, Rückmeldungen von ehemaligen Kursteilnehmern und Langzeitstudien. Diese Informationen sollten beim anbietenden Bildungsträger (Familienbildungsstätte, Volkshochschule, Bildungswerk, Kinderschutzbund) verfügbar sein und Ihnen auf Anfrage zur Verfügung gestellt werden.

■ Sprechen Sie mit Ihrer Einladung zu einem Elternkurs alle Eltern gleichermaßen an, um zu vermeiden, dass bei den Angefragten der Gedanke aufkommt, sie hätten Probleme und würden deshalb ausgewählt.

■ Der Kurs sollte von einer dafür ausgebildeten Fachkraft (mit Zertifikat der Ausbildungsstelle) durchgeführt werden. Fragen Sie beim Anbieter des Kurses danach.

■ Die Struktur des Kurses muss Übungsphasen enthalten – es ist daher sinnvoll, wenn er über einen längeren Zeitraum stattfindet (mindestens 4 bis 5 Einheiten, jeweils eine Einheit pro Woche).

Informieren Sie sich umfassend über die Ziele und Methoden der verschiedenen Elternkurse, um den Kurs zu finden, der zu Ihrer Einrichtung und den Bedürfnissen der Eltern am besten passt.

Die nebenstehende Übersicht **1** mit Kurzbeschreibungen von 3 anerkannten präventiven Elternkursen kann Ihnen als Orientierungshilfe dienen.

Übersicht: 3 Elternkurse zur Stärkung der Familie

Name des Kurses	Ziele und Inhalte
Starke Eltern, starke Kinder (SESK)	SESK ist das Elternkursprogramm des Deutschen Kinderschutzbundes e. V. Der Kurs umfasst 8 bis 12 Einheiten. Die Teilnehmer können das Erlernte in einer Wochenaufgabe umsetzen. Der Kurs baut in 5 Stufen aufeinander auf: 1. Klärung der Wert- und Erziehungsvorstellungen: Was ist mir in der Erziehung wichtig? 2. Festlegung der Identität als Erziehende: Kenne ich mich selbst und meine Rolle als Erziehende/r? 3. Stärkung des Selbstvertrauens zur Unterstützung kindlicher Entwicklung: Wie höre ich zu und wie ermutige ich mein Kind? 4. Bestimmung von klaren Kommunikationsregeln in der Familie: Wie drücke ich meine Bedürfnisse aus? 5. Befähigung zur Problemerkennung und -lösung: Wie löse ich Probleme? Der Kurs wird auch für Familien mit Kindern im Alter von 0 - 3 Jahren angeboten. **Ziele:** Das Selbstvertrauen der Eltern wird gestärkt und die Werte für die eigene Familie werden deutlich gemacht. Die Fähigkeit der Eltern zum Verhandeln, Grenzensetzen und Zuhören wird erweitert. Weitere Informationen finden Sie unter: www.elternkurs-schulung.de
Triple-P (Positive Parenting Program = Positives Erziehungsprogramm)	Triple-P-Kurse gibt es in unterschiedlichen Formen. Das Gruppentraining besteht aus 4 wöchentlichen Sitzungen und 4 individuellen Telefonkontakten. 1. Sitzung: „Positive Erziehung", z. B. Grundprinzipien der Positiven Erziehung, Verhalten systematisch beobachten 2. Sitzung: „Die Entwicklung der Kinder fördern", z. B. eine gute Beziehung zu den Kindern und angemessenes Verhalten der Kinder fördern, neue Fertigkeiten und Verhaltensweisen beibringen 3. Sitzung: „Mit Problemverhalten umgehen", z. B. Familienregeln aufstellen, die stille Zeit oder Auszeit einsetzen, Erziehungsroutine entwickeln 4. Sitzung: „Vorausplanen", z. B. risikoreiche Erziehungssituationen erkennen, „Überlebenstipps" für Familien 5. bis 8. Sitzung: „Erziehungsfertigkeiten einsetzen". Telefonkontakte zur Unterstützung der Erziehungsstrategien im Alltag und zur individuellen Anpassung an die Familie **Ziele:** Problemen im verhaltens- und entwicklungsbezogenen Bereich wird vorgebeugt. Ungünstige Erziehungspraktiken werden ersetzt und Bewältigungskompetenzen erhöht. Weitere Informationen finden Sie unter: www.triplep.de
Kess-erziehen (kooperativ, ermutigend, sozial, situationsorientiert)	Kess vermittelt eine ermutigende, situationsorientierte, individuelle Erziehungshaltung. Der Kurs umfasst 5 Einheiten, die wöchentlich abgehalten werden. Kursinhalte werden daher komprimiert vermittelt. Es gibt ein Elternhandbuch und eine Übung für jede Woche. Inhalte der 5 aufeinander aufbauenden Einheiten sind: 1. Das Kind sehen. Soziale Grundbedürfnisse der Kinder achten 2. Verhaltensweisen verstehen. Angemessen darauf reagieren 3. Kinder ermutigen. Die Folgen des eigenen Handelns zumuten 4. Konflikte entschärfen. Probleme konstruktiv lösen 5. Selbstständigkeit fördern. Kooperation entwickeln. Der Kurs wird auch für Eltern von Kindern im Alter von 0 - 3 Jahren ("Von Anfang an") und von 2 - 12 Jahren ("Weniger Stress - mehr Freude") angeboten. **Ziele:** Eltern werden ermutigt und entwickeln eine größere Erziehungskompetenz. Eltern lernen, Grenzen respektvoll zu setzen und Probleme kooperativ zu lösen. Ein demokratisch-respektvoller Erziehungsstil wird vermittelt. Weitere Informationen finden Sie unter: www.kess-erziehen.de

Übersicht auf CD-ROM

Wertschätzende Elterngespräche

Ihre positive Grundhaltung ist ein wesentlicher Faktor für ein gelingendes und wertschätzendes Elterngespräch. Diese zu bewahren ist nicht immer einfach. Denn die Eltern und auch Sie selbst bringen viele Erfahrungen, eventuell auch aus vorangegangenen Gesprächen miteinander, mit. Eine positive Grundhaltung kann manchmal schwerfallen angesichts offensichtlicher Schwierigkeiten der Eltern in der Kindererziehung oder gänzlich anderer Vorstellungen von Erziehung. Trotzdem birgt jedes Gespräch eine neue Chance auf gegenseitiges Verständnis und positive Veränderungen.

Als Leitgedanken, die Ihnen helfen, eine wertschätzende Haltung gegenüber den Eltern zu bewahren, können Ihnen die 3 folgenden Merksätze dienen:

1. Eltern sind Experten für ihr Kind.

2. Alle Eltern möchten gute Eltern sein

3. Eltern handeln fast immer nach bestem Wissen und Gewissen.

Stärken Sie die Eltern in zweierlei Hinsicht

Ohne dass Sie jedes Verhalten akzeptieren, sollten Sie die Eltern grundsätzlich und in ihrem Bestreben, das Bestmögliche für ihr Kind zu tun, stärken. Denn wenn Eltern Wertschätzung und Bestätigung für ihre Erziehungsarbeit erfahren, nehmen sie dieses gute Gefühl mit hinein in den Alltag mit ihrem Kind.

Stärkende Elterngespräche sollten **2 wesentliche Komponenten** enthalten:

- Stärken Sie die Eltern, indem Sie darauf hinweisen, was sie bereits Förderliches für ihr Kind tun.

- Helfen Sie den Eltern durch Anregungen und konkrete Hilfen, ihr Verhalten im Alltag weiterzuentwickeln.

Grundsätzlich sollten alle Elterngespräche an den Ressourcen und Möglichkeiten der Eltern orientiert sein. Sie könnten beispielsweise

- Eltern, die geringe Deutschkenntnisse haben, bitten, einen Verwandten mitzubringen, der gut Deutsch spricht und als Dolmetscher fungieren kann;

- Ihre Wortwahl dem sprachlichen Niveau der Eltern so anpassen, dass Sie verstanden werden (kein „Fachchinesisch");

- den Eltern einen Ergotherapeuten in Wohnortnähe nennen, wenn die Familie kein Auto besitzt;

Wertschätzende Elterngespräche

- die Eltern auch zu kleinsten Verbesserungen ermutigen (z. B. ein gesünderes Pausenbrot für das Kind mitzugeben).

So erleben die Eltern, dass sie selbst die Möglichkeit haben, ihre Situation bzw. die ihres Kindes zu verändern. Das hilft ihnen dabei zu kooperieren.

Nehmen Sie positive Eigenschaften wahr

Stellen Sie in Gesprächen die Stärken und positiven Seiten der Eltern in den Vordergrund, z. B. mit folgenden Formulierungen: „Dass Sie so gern kochen und gemeinsam essen, zeigt, dass Sie Wert legen auf die Ernährung Ihrer Familie. Was wäre Ihrer Meinung nach dann ein gesundes Pausenbrot für Paul?" Bestärken Sie die Eltern in dem Bestreben, ihrer Elternverantwortung nachzukommen. Dabei ist es Ihre Aufgabe, den Eltern im Gespräch adäquate Mittel und Wege aufzuzeigen, mit denen sie konsequent und respektvoll handeln und sprechen können, wie z. B. mit folgender Formulierung: *„Natürlich können Sie nicht alles durchgehen lassen. Achten Sie aber darauf, nicht unüberlegt zu handeln. Nehmen Sie sich besser eine kurze Auszeit. Gehen Sie in einen anderen Raum und überlegen Sie dann, wie Sie ihrem Kind helfen könnten, sich besser mit Ihnen abzustimmen."*

Folgende Punkte helfen Ihnen, erfolgreiche Gespräche zu führen:

1 **Nonverbal:** Achten Sie in Elterngesprächen auf Ihre Körperhaltung und Mimik. Vermitteln Sie den Eltern, dass Sie sie als gleichwertige Partner respektieren, indem Sie sie z. B. freundlich lächelnd per Handschlag begrüßen. Zeigen Sie sich interessiert und kooperativ durch eine entsprechend offene Körperhaltung und Mimik, z. B. keine überkreuzten Arme und Beine.

2 **Verbal:** Sprechen Sie „klare Worte" und beschönigen Sie nichts, formulieren Sie aber immer wertschätzend und mit Blick auf das Positive. Ermöglichen Sie durch Ihre Formulierungen, dass die Eltern sich nicht provoziert fühlen, sondern offen für eine Zusammenarbeit sein können, indem Sie z. B. in „Ich-Botschaften" sprechen: *„Ich sehe, dass Sie die Stirn runzeln. Stimmen Sie mir in dem Punkt nicht zu?"* ist besser als: *„Glauben Sie, dass das, was ich sage, falsch ist?"*

Anhand der Checkliste auf der folgenden Seite können Sie prüfen, ob Sie im Gespräch verbal und nonverbal gut auf die Eltern eingehen und so Ihrer positiven Grundhaltung Ausdruck verleihen.

Checkliste: So fördern Sie die Kooperation der Eltern im Gespräch

Nonverbal	**o. k.?**
Ich nicke häufig.	❏
Ich überkreuze weder Arme noch Beine und zeige eine entspannte Körperhaltung.	❏
Ich sitze meinem Gesprächspartner nicht genau, sondern seitlich oder schräg gegenüber.	❏
Ich lächle hin und wieder.	❏
Ich achte auf die Körperhaltung meines Gegenübers, um reagieren zu können, falls er eine Auszeit braucht.	❏
Ich achte auf die Mimik meines Gesprächspartners, um z. B. bei einem fragenden oder missbilligenden Blick nachfragen zu können.	❏
Ich zeige mit meiner Mimik, dass ich interessiert und aufmerksam bin.	❏
Ich höre empathisch, also mitfühlend, zu. Dazu halte ich freundlichen Blickkontakt.	❏
Ich halte auch kurze Momente der Stille im Gespräch aus, denn diese können beruhigend sein.	❏
Verbal	
Ich begrüße Eltern mit Handschlag und Namen.	❏
Ich gestalte ein „Warming-up", d. h., ich spreche kurz über etwas Allgemeines (z. B. das Wetter).	❏
Ich achte stets darauf, lediglich meine Beobachtungen zu schildern und keine Vermutungen anzustellen.	❏
Ich vermeide ein defizitorientiertes Gespräch und bleibe bzw. komme immer wieder zu den Stärken des Kindes (und der Eltern) zurück.	❏
Ich frage Eltern häufig nach ihrer Einschätzung und respektiere sie als Experten für ihr Kind.	❏
Ich betone, dass Erzieherin und Eltern zum Wohle und Besten des Kindes handeln möchten.	❏
Ich bleibe sachlich, damit es nicht durch Verletzung des Selbstwertgefühls der Eltern zu Gegenangriffen oder Rückzug kommt.	❏
Ich formuliere sooft wie möglich positive Sätze.	❏
Ich höre aktiv zu und fasse Gesagtes immer wieder klärend zusammen.	❏
Ich orientiere meine Vorschläge an den Ressourcen und Möglichkeiten der Eltern.	❏
Ich beginne und beende das Gespräch mit einem positiven Aspekt oder mit der Würdigung von etwas, was die Eltern gut machen.	❏
Ich spreche in „Ich-Botschaften".	❏

Checkliste auf CD-ROM

Starke Kooperationspartner für Ihre Einrichtung

In Ihrem verantwortungsvollen Beruf als Erzieherin wissen Sie sicher eine 2. Meinung, sei es kollegiale Beratung oder einen Expertentipp, sehr zu schätzen. Was aber, wenn es einmal mehr braucht als lediglich eine kurze Beratung?

Oder wenn Eltern Sie fragen, an wen sie sich mit ihren Problemen wenden können? Oder wenn Sie bemerken, dass ein Kind mehr Hilfe braucht, als Sie oder die Familie leisten können? Dann braucht Ihre Einrichtung ein Netzwerk aus starken Kooperationspartnern!

Wenn Sie Eltern an Experten verweisen, ist das keinesfalls ein Zeichen von eigener Schwäche oder Inkompetenz. Im Gegenteil. Sie leisten damit einen wertvollen Beitrag, um das gemeinsame Ziel, nämlich das Wohl des Kindes bzw. der Familie, zu erreichen. Das gilt in gleichem Maße natürlich auch für den Fall, dass Sie für sich selbst oder Ihr Team Unterstützung suchen.

Wen suchen Sie bei welchen Fragen auf?

In folgenden Situationen sollten Sie sich an einen Experten wenden oder den Eltern raten, Fachpersonal bzw. eine zuständige Beratungsstelle aufzusuchen.

1 Wenn Sie bei der Beobachtung eines Kindes konkreten Förderbedarf feststellen. Liegt dieser im motorischen Bereich, ist z. B. der Kinderarzt der Ansprechpartner der Eltern. Er kann sie zu einem Therapeuten oder an andere Stellen, z. B. an das sozialpädiatrische Zentrum, überweisen.

2 Wenn Sie in Ihrer Arbeit mit den Familien von Lebensumständen und Schwierigkeiten erfahren, bei denen Sie als Erzieherin die nötige Hilfe nicht leisten können. Trotzdem besteht Handlungsbedarf, z. B. bei Alkoholproblemen eines Elternteils. Falls eine Gefährdung des Kindeswohls vorliegt, sollten Sie umgehend den allgemeinen sozialen Dienst (Jugendamt) oder die Polizei informieren. Manchmal kann aber bereits eine der unten stehenden Telefonnummern, z. B. das Elterntelefon, eine Hilfe für die Eltern sein.

3 Wenn in Ihrer täglichen Arbeit ein Notfall eintritt, sind schnelles Handeln und Hilfe, beispielsweise durch den Rettungsdienst, erforderlich. Ein Notfall könnte ein Feuer, ein Unfall oder eine allergische Reaktion eines Kindes sein. Dann wenden Sie sich je nach Situation z. B. an die Feuerwehr, den Notarzt oder den Giftnotruf.

4 Wenn es im Team zu großen Unstimmigkeiten kommt, bei denen es Ihnen nicht gelingt, eine Einigung zu erzielen. Sie könnten dann bei Ihrer zuständigen Fachberatung nachfragen, ob Sie einen Termin zum Gespräch oder zur Supervision mit Ihrer Fachberaterin vereinbaren könnten.

Bleiben Sie mit Ihren Partnern in Verbindung

Die Vorlage auf der gegenüberliegenden Seite können Sie nutzen, um die Adressen und Telefonnummern mit Ansprechpartnern der Stellen einzutragen, die Ihnen bei Schwierigkeiten zur Seite stehen können. Hängen Sie diese gut sichtbar im Büro auf, sodass alle Mitarbeiterinnen jederzeit schnellen Zugriff darauf haben.

Falls Sie feststellen, dass Sie die Ansprechpartner wichtiger Stellen nicht kennen, dann ergreifen Sie die Initiative und stellen Sie einen Erstkontakt her, um diese kennen zu lernen. Das erleichtert Ihnen im Ernstfall Ihre Arbeit wesentlich.

Unkomplizierte Hilfen per Telefon

Die Eltern in Ihrer Einrichtung sind Ihnen sicher dankbar, wenn Sie Ihnen für Notfälle, zur Beratung und Information einige Anlaufstellen aufzeigen (z. B. an der Infowand im Kindergarten), die unkompliziert oder anonym weiterhelfen. Das könnten unter anderem sein:

- Das kostenlose Elterntelefon (Tel.-Nr. 08 00 / 1 11 05 50) oder das Kinder- und Jugendtelefon: die „Nummer gegen Kummer" (Tel.-Nr. 08 00 /1 11 03 33). Hier erhalten Eltern, Jugendliche und Kinder schnelle und unbürokratische Hilfe durch ehrenamtliche Telefonberatung. Wer aus dem Festnetz anruft, wird mit dem nächstgelegenen Standort verbunden und hat so Zugang zu regionalen Hilfsangeboten. Ausführliche Informationen zum Elterntelefon finden Sie unter: www.elterntelefon.org

- Die Babysitter-Zentrale oder das Mütterzentrum (Auskünfte darüber erhalten Sie beim örtlichen Jugendamt).

- Das Familienhandbuch (www.Familienhandbuch.de). Kostenlose Informationen rund um die Themen Kindererziehung, Partnerschaft und Familienbildung sind in diesem internetbasierenden Handbuch für Eltern, Erzieher, Lehrer und Wissenschaftler frei verfügbar.

Alle Nummern auf einen Blick

Sie können die nebenstehende Liste um die Nummern der wichtigen Einrichtungen und Stellen ergänzen, die speziell in Ihrer Einrichtung häufig gebraucht werden, so haben Sie Ihre Partner stets im Blick.

Mustervorlage: Das sind unsere Partner

Zuständige Stelle	Verbindung
Kinderarzt	Telefon: Ansprechpartner:
Sozialpädiatrisches Zentrum (SPZ)	Telefon: Ansprechpartner:
Frühförderstelle	Telefon: Ansprechpartner:
Gesundheitsamt	Telefon: Ansprechpartner:
Allgemeiner sozialer Dienst / Jugendamt (ASD)	Telefon: Ansprechpartner:
Psychologische Beratungsstelle	Telefon: Ansprechpartner:
Kinderschutzbund	Telefon: Ansprechpartner:
Polizei	Telefon: 110 Ansprechpartner:
Giftnotrufzentrale	Telefon: Ansprechpartner:
Feuerwehr	Telefon: 112 Ansprechpartner:
Rettungsdienst / Krankentransport	Telefon: 19222 Ansprechpartner:
Fachberatung (z. B. Jugendamt)	Telefon: Ansprechpartner:
Erfahrene Fachkraft (bei Verdacht auf Kindeswohlgefährdung)	Telefon: Ansprechpartner:
Grundschule	Telefon: Ansprechpartner:
Familienbildungsstätte	Telefon: Ansprechpartner:
Volkshochschule	Telefon: Ansprechpartner:
Sprachheilschule	Telefon: Ansprechpartner:
Gemeindeverwaltung	Telefon: Ansprechpartner:
Wohlfahrtsverband / Caritas / Diakonie	Telefon: Ansprechpartner:
	Telefon: Ansprechpartner:

2. Teil: Jeder ist einmalig – Kinder und ihre Individualität fördern

So lernen Kinder ihre eigenen Stärken kennen

Im 2. Lebensjahr, mit zunehmendem Spracherwerb, entdeckt jedes Kind irgendwann einmal das magische Wort „Nein", das es ihm endlich ermöglicht, sich von anderen abzugrenzen. Dem folgt schon sehr bald das Wort „alleine", mit dem Kinder ab ca. Mitte des 2. Lebensjahres demonstrieren, dass sie eigene Handlungskompetenzen erwerben möchten. Sicher haben Sie mit beiden Varianten schon ausreichend Bekanntschaft gemacht.

Was für Sie nicht immer den Alltag erleichtert, bedeutet für das Kind, dass es so Stück für Stück zu mehr Selbstständigkeit kommt. Mit dem 3. Lebensjahr ist dann die Identitätsentwicklung so weit fortgeschritten, dass die Kinder von sich selbst in der Ich-Form sprechen und sich bestimmte Eigenschaften zuordnen können.

1 Ein positives Selbstbild stärkt das Selbstbewusstsein

Um ein positives Selbstbild aufzubauen, brauchen Kinder wohlwollende Bezugspersonen, die sie ermutigen, sie zu eigenem Tun anregen und ihre Erfolge würdigen. Um die Entwicklung des Selbstbewusstseins der Kinder positiv zu fördern, sollte das Augenmerk also auf das gerichtet werden, was die Kinder schon können und gut machen.

2 Machen Sie Kindern ihre eigenen Stärken bewusst

Ein wichtiges Grundbedürfnis aller Kinder ist es, in unserer Welt Anerkennung und Wertschätzung für ihre Fähigkeiten zu erfahren. Das stärkt ihr positives Selbstbild. Helfen Sie den Kindern, ihr Selbstwertgefühl zu stärken, indem Sie nicht nur Leistung loben, sondern auch Anstrengungsbereitschaft und Geduld würdigen. Dies können Sie beispielsweise mit einem aufmunternden „Toll, wie sehr du dich bemüht hast. Nächstes Mal klappt es bestimmt" tun.

Geben Sie den Kindern Gelegenheit und Zeit, Aufgaben selbst zu erledigen, und geben Sie ihnen dabei verbal und nonverbal Zutrauen in ihre Fähigkeiten, z. B. mit der Aufmunterung „Du schaffst das" oder einem freundlichen Nicken. Bauen Sie eine emotional stabile Beziehung zu jedem Kind auf. Zeigen Sie, dass Sie es als Individuum wertschätzen und seine Identität respektieren, indem Sie beispielsweise sagen: „Auch wenn du jetzt hier nicht mitmachen möchtest, wäre es schön, wenn du bei uns bleiben und zusehen würdest."

Mit dieser sicheren Basis können sich die Kinder neue Handlungsfelder erschließen und sich Fertigkeiten aneignen. Sie sind dann auch in der Lage, anderen Menschen mit ihren Fähigkeiten selbstbewusst zur Seite zu stehen, wenn diese Unterstützung brauchen. Eigene Fähigkeiten einzubringen erfordert aber zuerst einmal, sich derer bewusst zu sein. Mit dem nachfolgenden Spiel, das sich gut in den Spielkreis integrieren lässt, können Sie Kinder dazu ermutigen, zu ihren eigenen Stärken zu stehen.

3 Spiel: Das bin ich – Das kann ich

Sprechen Sie mit den Kindern darüber, wie schön es ist, dass jedes Kind besondere Stärken hat und darum etwas gut kann. Dann können Sie die Kinder ermutigen, darüber nachzudenken, was ihre besonderen Fähigkeiten sind – meist ist es auch das, was die Kinder besonders gern tun. Bitten sie dann die Kinder, die möchten, nacheinander ihren Namen zu nennen und zu sagen, was sie gut können. Manche Kinder werden Fertigkeiten nennen wie z. B. „Ich kann besonders gut mit Lego bauen" und andere werden vielleicht sagen: „Ich kann gut kleineren Kindern helfen, z. B. beim Händewaschen."

Lassen Sie jede Möglichkeit zu und geben Sie den anderen Kindern anschließend Zeit, ergänzend etwas zu sagen, z. B.: „Die Lisa kann aber auch noch ganz tolle Pferde malen." Betonen Sie, dass hier nur schöne Dinge über andere gesagt werden sollen.

Visualisieren Sie die Stärken in der Kindergruppe

Wäre es nicht sehr ermutigend, wenn jedes Kind ihrer Gruppe täglich ein „starkes Bild" von sich vor Augen hätte? Geben Sie den Kindern die Gelegenheit, sich selbst und ihre Stärken positiv in den Blick zu nehmen. Lassen Sie jedes Kind in die obere Hälfte eines DIN-A4-Blattes ein Bild von sich malen und, wenn möglich, seinen Namen dazuschreiben. Im unteren Bereich stellen die Kinder dann ihre Stärken oder besonderen Fähigkeiten bildlich dar. Wenn gewünscht oder falls nötig, schreiben Sie noch einige erklärende Worte oder ein Zitat dazu. Zusammen aufgehängt, ermutigen diese „starken Bilder" sicher auch jeden Betrachter dazu, sich und andere positiv in den Blick zu nehmen.

Checkliste: So stärken Sie das positive Selbstbild der Kinder

	o. k.?
1 ▶ Regen Sie die Kinder zu selbstständigem Denken und Tun an, indem Sie sie in ihrem Forscherdrang begleiten und weiterführende Impulse geben, anstatt Lösungen zu präsentieren oder Wissen zu „lehren".	❏
Ermutigen Sie die Kinder, auch einmal gewohntes Terrain zu verlassen, um Neues oder Unbekanntes zu wagen und so über sich selbst hinauszuwachsen.	❏
Richten Sie Ihren Fokus auf die Fähigkeiten der Kinder und auf gelungene Situationen anstatt auf etwaige Defizite.	❏
Seien Sie begeisterte „Mitentdeckerin" und freuen Sie sich über jede Eigentätigkeit der Kinder, auch wenn diese einmal außerplanmäßig auftritt oder ihr Konzept durcheinanderbringt.	❏
2 ▶ Bemerken und wertschätzen Sie, wenn Kinder sich stark engagiert einer Sache widmen – unabhängig vom Ergebnis.	❏
Vermitteln Sie den Kindern Zutrauen in ihre Fähigkeiten, sei es durch aufmunternde Worte, ein Lächeln oder durch Geduld – ohne ein vorschnelles Eingreifen in ihre Tätigkeiten.	❏
Geben Sie den Kindern im Alltag häufig die Möglichkeit, sich gegenseitig zu helfen, indem eigene Stärken zur Unterstützung anderer eingebracht werden können.	❏
Bestärken Sie die Kinder in ihrer Individualität, indem Sie für jedes Kind lobende und ermutigende Worte finden und Vergleiche wie: „Der kann aber das schon …" meiden.	❏
3 ▶ Machen Sie in Gesprächen, Spielen oder Rollenspielen die Kinder auf ihre Stärken aufmerksam bzw. fördern Sie das Verbalisieren der eigenen Stärken.	❏
Achten Sie darauf, dass Sie Bilder, Werke oder Fotos aller Kinder in der Einrichtung ausstellen, unabhängig von Alter und Entwicklungsstand.	❏

Checkliste auf CD-ROM

Wer ist eigentlich ein Superheld?

Wenn Sie die Kinder fragen, wer wohl so richtig stark ist, werden vermutlich manche einen Superhelden wie Spiderman nennen und andere werden ganz selbstbewusst sagen: „Ich!" Superman, Spiderman und andere Helden werden von den Kindern hauptsächlich wegen ihrer körperlichen Kraft und ihrer besonderen Fähigkeiten bewundert. Auch Kinder selbst messen sich in spielerischem Ringen und Raufen sehr gern, um zu erfahren, wer mehr Kraft hat und wer den anderen besiegen kann. Das ist gut und wichtig, damit sie sich selbst und ihre körperlichen Kräfte kennen und richtig einschätzen lernen. Aber es gibt auch noch viele andere Dinge außer Muskelkraft, die jemanden so richtig stark machen.

Mit der folgenden Schritt-für-Schritt-Anleitung gehen Sie gemeinsam mit den Kindern der Frage nach, wer eigentlich stark ist, und entwickeln 2 aussagekräftige Collagen dazu.

Sie brauchen für die Collagen:

■ Jede Menge alte Zeitschriften, Comics, Zeitungen, Kataloge oder Foto

■ Große Plakate (DIN A2 oder DIN A3)

■ Flüssigkleber

■ Die „ganz schön starken Sprüche" der gegenüberliegenden Seite

■ 1 Bild von einem Helden wie Superman oder Spiderman,

■ 1 Bild von einem lachenden Kind

Schritt 1: Sprechen Sie über äußere und innere Stärke

Bitten Sie die Kinder, für einen Moment die Augen zu schließen und sich etwas oder jemanden vorzustellen, das oder der ganz stark ist. Wenn alle ein inneres Bild gefunden haben, sprechen sie darüber, was die Kinder gesehen haben. Die Kinder werden wahrscheinlich ein Bild beschreiben, das von körperlicher Kraft zeugt, seien es ein Dinosaurier, Superman, ein Schwert oder eine Ameise. Sprechen Sie dann mit ihnen darüber, wozu körperliche Kraft gut ist und wie sie wohl von den Beschriebenen eingesetzt wird. Impulsfragen könnten sein:

■ *„Was können ‚Starke' alles gut?"*

■ *„Welche Regeln gibt es für ‚Starke'?"*

■ *„Wenn ihr ganz stark wärt, was würdet ihr tun?"*

■ *„Gewinnen ‚Starke' immer?"*

Legen Sie zum Abschluss des Gesprächs das Bild von Superman als Darstellung körperlicher Stärke vor.

Schritt 2: Stellen Sie gezielte Fragen zum Thema „Stark sein"

Leiten Sie dann über zu der Frage, ob es auch andere Dinge gibt, die an jemandem stark sind oder die stark machen können. Impulsfragen könnten hier sein:

■ *„Was könnte gemeint sein mit dem Sprichwort: Sich für andere stark machen?",*

■ *„Fühlt ihr euch stark, wenn ihr krank seid oder Hunger habt?"*

■ *„Was müsstet ihr tun oder können, um stark zu sein?"*

■ *„Könnt ihr auch ohne Muskeln stark sein?"*

Die Kinder werden hier vermutlich sagen, dass es stark macht, gesund zu essen, Sport zu treiben, anderen zu helfen oder auf einem Gebiet besonders begabt zu sein. Legen Sie zum Abschluss dieser Runde das Bild des lachenden Kindes als Darstellung innerer Stärke vor.

Schritt 3: Gestalten Sie Collagen

Erklären Sie den Kindern nun die Erstellung der Collagen. Erläutern Sie, dass aus vielen verschiedenen Bildern 2 ganz neue Kunstwerke zum Thema „Stark sein" entstehen sollen. Kleben Sie zur Orientierung in die Mitte des einen Plakats das Bild von Superman, der für starke Helden steht, und auf das andere Plakat das Bild vom lachenden Kind, das die starken Eigenschaften symbolisiert. Fordern Sie die Kinder auf, nun „Stärke-Detektive" zu sein und in den Zeitschriften nach Bildern, entweder für das Plakat der „starken Helden" oder der „tarken Eigenschaften", zu suchen. Diese sollen sie dann ausschneiden, einem Plakat zuordnen und daraufkleben, bis beide Plakate voll sind.

■ Schritt 4: Ordnen Sie die „ganz schön starken Sprüche" zu

Sagen Sie den Kindern, dass Sie nun noch einige starke Sprüche vorlesen werden und die Kinder entscheiden sollen, auf welches der beiden Plakate die Sprüche geklebt werden. Lesen Sie dann die „ganz schön starken Sprüche" einzeln vor. Wer von den Kindern möchte, kann einen Spruch ausschneiden und ihn auf das passende Plakat kleben.

Ermuntern Sie die Kinder dazu, eigene „ganz schön starke Sprüche" zu finden, und schreiben Sie diese mit schwarzem Filzstift auf die Plakate. Danach betrachten Sie mit den Kindern noch einmal beide Plakate. Dabei können sie noch etwas zu beiden Plakaten erzählen und erklären, worin der Unterschied zwischen beiden Stärken besteht.

„So ein **Muskelprotz**"

„Der **Klügere** gibt nach."

„*Voll cool!*"

„*Du bist was du isst!*"

„Wer **Muckis** hat, ist stark."

„**Dankeschön!**"

„Ich helfe dir."

„Klein, **aber** oho"

„**Stark wie ein Bär**"

„*Sport macht Spaß!*"

„*Mich besiegt keiner.*"

„Kluge **Köpfchen** haben's drauf."

„Entschuldigung"

„Topfit sein ist stark!"

„*Milch macht müde Männer munter.*"

„Ein starker Typ!"

Mutproben für starke Kinder

„Traust du dich?" Kennen Sie diesen Satz aus Ihrer Kindheit? Wenn man sich nicht traute, dann lief man Gefahr, als Angsthase abgestempelt zu werden. Der Reiz lag darin, seine Angst zu überwinden und etwas zu tun, was eigentlich verboten war. Oder genügend Stärke zu zeigen, dem Verbotenen trotz des Gruppendrucks zu widerstehen. Sie wollen die Kinder sicher nicht zu wagemutigen Draufgängern erziehen, aber dennoch Mut und Zutrauen bei den Kindern fördern.

Damit sich Kinder zu starken Persönlichkeiten entwickeln können, brauchen sie verschiedene Voraussetzungen in ihrer Umwelt. Sie benötigen Wärme und Geborgenheit. Sie brauchen Zuwendung und Aufmerksamkeit. Und sie suchen nach Menschen, die an sie glauben, die ihnen etwas zutrauen. In der Kita, wo sich Kinder wohlfühlen, können sie in angemessener Weise ihren Mut auf die Probe stellen.

So geben Sie Selbstvertrauen für den Alltag

Kinder sollen eine gute Selbsteinschätzung entwickeln, ohne sich zu über- oder unterschätzen. Sie sollen mutig, aber nicht übermütig sein. Dieses Mittelmaß finden Kinder nicht sofort. Dazu brauchen sie einen Rahmen, in dem sie sich selbst ausprobieren dürfen. Dabei können Sie den Kindern als wertvolle Vertrauensperson zur Seite stehen, indem Sie Vorbild sind und dem Kind etwas zutrauen. Dürfen Kinder die Erfahrung machen, dass sie etwas können, werden ihnen die eigenen Stärken bewusst und sie entwickeln ein gesundes Selbstvertrauen. Nur wer sich selbst vertraut und sich etwas zutraut, kann auch zu anderen Vertrauen haben. Dies wiederum ist die Voraussetzung für soziale Beziehungen. Wenn ein Kind bereit ist, anderen zu vertrauen, kann es Freundschaften schließen und aufrechterhalten. Es knüpft ein soziales Netz, das ihm Sicherheit und Rückhalt im Alltag gibt. So ist ein Kind auch fähig, schwierigere Situationen, z. B. einen Streit oder den Wechsel der Betreuungspersonen, gut zu bewältigen.

Fördern Sie den Lebensmut der Kinder

Mut gehört zum Leben dazu. Beobachten Sie doch einmal, wo und wie Kinder im Alltag Mut zeigen. Sie werden erkennen, dass Kinder auf vielerlei Weise gefordert werden. Kinder brauchen Mut, um

1 neue Dinge auszuprobieren. Kinder entdecken jeden Tag eine Vielzahl ihnen bisher unbekannter Sachen oder Situationen. Sie müssen sich ständig trauen, sich darauf einzulassen. Es kostet viel Mut, sich auf eine neue Umgebung einzulassen, von der man nicht weiß, was sie für einen bereithält;

■ Bedürfnisse ohne Angst zu äußern. Gerade in der Prävention von Gewalt und Missbrauch ist es Ihr Ziel, Kinder zu befähigen, „Nein" zu sagen und Grenzen zu setzen. Dazu braucht es Mut;

Mutproben für starke Kinder

2 für sich und andere einzustehen. Unterstützen Sie Kinder darin, sich für Dinge einzusetzen, die ihnen wichtig sind. Schwächeren zu helfen erfordert ebenso Mut, wie vor anderen einen Wunsch zu vertreten. Genauso erfordert es Courage, sich anderen anzuvertrauen und sich auf andere einzulassen.

Mut will erprobt werden

Weil es so wichtig ist, mutig seinen Weg zu gehen, sollten Sie Kinder dabei wertschätzend unterstützen, z. B. durch Ermutigung, Hilfestellungen usw. Üben Sie mit den Kindern, mutig zu sein. In erster Linie geschieht das sicherlich durch Ihr Vorbild. Trauen auch Sie sich, Neues auszuprobieren. Sprechen Sie mit den Kindern darüber. Beziehen Sie mutig Position, wenn es um das Wohl der Kinder geht. Führen Sie z. B. neue Ansätze ein, wenn Sie merken, dass diese den Kindern zugutekommen, auch wenn Sie dafür erst Überzeugungsarbeit bei den Eltern leisten müssen. Kinder werden spüren, dass sie in Ihnen einen mutigen Fürsprecher haben.

Trauen Sie den Kindern etwas zu! Das kann auf verschiedene Arten geschehen

3 Bereiten Sie spielerische Mutproben vor. Diese sollten Sie so wählen, dass sie ungefährlich, erlaubt, aber trotzdem herausfordernd sind. So lernen Kinder, über sich hinauszuwachsen. Nebenstehend finden Sie verschiedene Anregungen für Aktionen, die Mut erfordern.

■ Übertragen Sie Aufgaben, z. B. Mithilfe beim Kochen, an die Kinder. Wer Verantwortung hat, lernt sie auch zu übernehmen. Das macht mutig und stark.

4 Vertrauen Sie auf die Fähigkeiten der Kinder! Wenn ein Kind Sie um Unterstützung bittet, dann helfen Sie nur so weit, bis das Kind wieder selbst weiterkommt. Damit signalisieren Sie: „Ich glaube, du schaffst das!"

■ Verstärken Sie mutiges Verhalten, z. B. den Einsatz für andere. Geben Sie den Kindern Rückmeldung, wenn sie mutig gehandelt haben. Diese Anerkennung bestätigt Kinder in ihrem Tun.

Übersicht: Geeignete Mutproben für Kinder

Mutproben	Nutzen für das Kind	So gehen Sie vor
1 ▶ Im Dunkeln tappen	Für viele Kinder ist Dunkelheit ein Auslöser von Furcht. In einen dunklen Raum zu gehen kann daher von Kindern abverlangen, die eigene Angst zu überwinden.	■ Gehen Sie bei dieser Mutprobe behutsam vor. Räumen Sie alle Hindernisse aus dem Weg, um eine barrierefreie Bewegungsfläche für die Kinder zu schaffen. ■ Gehen Sie mit einer Gruppe von 5 bis 8 Kindern erst in den noch hellen Raum. Verdunkeln Sie anschließend den Raum nicht vollständig, damit sich die Kinder langsam an die Situation gewöhnen können. ■ Fordern Sie dann die Kinder zum Umhergehen und Herumtasten auf.
2 ▶ Blind vertrauen	Es kostet viel Mut, sich anderen voll anzuvertrauen! Bei dieser Übung lernt das Kind, dem Anderen die Führung zu überlassen und ihm zu vertrauen.	■ Verbinden Sie den Kindern die Augen mit einem Tuch. ■ Das „blinde" Kind wird von einem anderen nun durch den Raum geführt. ■ Dabei hat das führende Kind die Aufgabe, das Kind mit den verbundenen Augen um Hindernisse vorsichtig, aber ohne Worte herumzuführen.
3 ▶ Auf einem schmalen Grat	Balancieren macht Spaß. Aber je schmaler die Fläche ist, auf die man seine Füße setzten kann, desto mehr Mut braucht man dazu. Trauen Sie es den Kindern zu!	■ Stellen Sie den Kindern erst eine Langbank zum Balancieren zur Verfügung. ■ Damit die Kinder ihren Mut beweisen können, drehen Sie die Langbank um. Nun ist die schmale Seite oben. Darüber zu laufen ist gar nicht so einfach.
4 ▶ Im Ungewissen tasten	Herumzutasten, ohne zu wissen, was einen erwartet, ist eine Herausforderung. Kinder lernen hier, ihre Ängste vor Unbekanntem zu überwinden.	■ Bereiten Sie einen Schuhkarton als Tastkiste vor. Dazu schneiden Sie auf einer Seite ein rundes Loch in den Karton. Davor kleben Sie innen ein Tuch, das über der Öffnung hängt. ■ Legen Sie in die Kiste nun Dinge, die ertastet werden können. Das könnte z. B. etwas Stacheliges wie ein Igelball sein. Oder Sie wählen etwas Glitschiges. Dazu eignet sich „Glibbermasse" aus der Scherzartikel-Abteilung. Eine aufziehbare Spielzeugmaus bewegt sich gespenstisch in der Kiste. ■ Nun dürfen die Kinder der Reihe nach in die Kiste fassen.
Ins kalte Wasser springen	Im Sommer eignet sich ein Planschbecken hervorragend für eine Mutprobe. Kinder wissen vorher schon, dass das kalte Wasser im Becken sie erschrecken wird. Kinder lernen, sich unangenehmen Situationen zu stellen.	■ Füllen Sie das Becken mit kaltem Wasser. ■ Achten Sie darauf, dass sich die Kinder vorher etwas abkühlen und diese Mutprobe nicht überhitzt machen. ■ Nun fordern Sie die Kinder auf, ins kalte Wasser zu springen. ■ Ganz Mutige nehmen dazu Anlauf und beobachten, wie hoch das Wasser beim Sprung spritzt.

Mutig aus der Reihe tanzen

Schon die allerkleinsten Kinder bewegen sich mit Vorliebe wiegend oder wippend zu Musik. Sobald es ihre Koordination zulässt, lassen sie sich von Melodien hinreißen, sich in ihrem Rhythmus zu bewegen. Von den ich-bezogenen Tanzbewegungen entwickelt ein Kind oft im Kitaalter auch Freude an der tanzenden Bewegung in der Gemeinschaft. Es hat Spaß daran, einen Reigen mit einem anderen Kind zu tanzen – oder es schließt sich einem Kreistanz mit der gesamten Gruppe an.

Tanzen ist für alle Menschen ein Sinnbild für Lebendigkeit. Je fröhlicher wir uns fühlen, desto lebhafter werden unsere Bewegungen. Auch Kinder lieben ausgelassene Tänze. Sie lernen ihren Körper so in einem rasanten Tempo kennen. Wenn Sie Kindern die Möglichkeit zum Tanzen geben, stärken Sie die Fähigkeiten der Kinder in verschiedenen Bereichen:

- Tanzen heißt, sich zu bewegen. Damit werden die Beweglichkeit, die Bewegungsabläufe und die Koordination des Körpers gestärkt und erweitert.

- Beim Tanzen wird die Wahrnehmung geschult. Durch ständig wechselnde Positionen sieht das Kind seine Umgebung immer wieder aus einem neuen Blickwinkel. Außerdem lernt das Kind seinen Körper durch die rhythmischen und fließenden Bewegungen besser kennen.

- Gefühle werden im Tanz ausgedrückt. So kann das Kind seine Stimmung mitteilen, ohne zu sprechen.

So lernen Kinder, sich beim Tanzen etwas zuzutrauen

Tanzen ist eine natürliche, elementare Bewegungsform. Allerdings erfordert es einiges an Mut, seinen ganz eigenen Tanz anderen zur Schau zu stellen. Darum ist es wichtig, Kindern beim Tanzen ihr persönliches Tempo zuzugestehen.

1 Achten Sie darauf, es dem Kind zu überlassen, wann es wie tanzen möchte. Mit dieser Freiheit erfährt das Kind den Tanz als etwas Positives und Lustvolles. Weitere Punkte, auf die Sie darüber hinaus achten sollten, damit Ihr Tanzangebot mit Kindern gelingt, finden Sie in der nebenstehenden Checkliste.

Beim Tanz gibt es kein Richtig oder Falsch. Es kommt nur auf die Individualität des Kindes an, wie es sich ausdrückt. So gehen Sie Schritt für Schritt vor, wenn Sie Kinder an das Tanzen heranführen möchten:

Schritt 1: Geben Sie den Kindern genügend Raum

Treffen Sie sich mit einer Gruppe von 8 bis 12 Kindern in einem Raum, der genügend Platz zum Bewegen bietet. Der Turnraum eignet sich am besten dazu. Achten Sie darauf, dass keine Hindernisse im Weg stehen.

Schritt 2: Achten Sie auf Freiheit für die Füße

Sorgen Sie dafür, dass der Raum, in dem Sie mit den Kindern tanzen, angenehm warm ist. Dann ist es auch kein Problem, wenn die Kinder barfuß tanzen. So haben sie den besten Kontakt zum Boden und spüren sich und ihren Körper gut, weil nichts einengt.

Schritt 3: Wählen Sie Tanzmusik bewusst aus

Jede Stimmung hat ihre eigene Musik. Beobachten Sie die Kinder im Vorfeld. Wählen Sie dann die entsprechende Musik für das Tanzen aus. An einem Tag, an dem die Gruppe ausgelassen ist, darf es ein schnellerer Rhythmus sein. Sind die Kinder noch müde, ist eine langsamere Melodie passender. Während des Tanzens können Sie dann die Musik variieren.

Schritt 4: Beginnen Sie in Gemeinschaft

Geben Sie den Kindern zu Beginn einen Rahmen vor. Damit erhält das Kind die Sicherheit, die ihm die Gruppe bietet. Fangen Sie mit einem Tanz als Gruppe im Kreis und mit Schritten im Takt an. Werden Sie schneller oder langsamer. Treten Sie gemeinsam vor und zurück. Halten Sie sich bei den Händen und lassen Sie sich wieder los.

Schritt 5: Lassen Sie Gefühlen freien Lauf

Zeigen Sie den Kindern Wege auf, sich auszudrücken. Dazu geben Sie den Kindern kurze Impulse: „Wie würdet ihr tanzen, wenn ihr euch traurig fühlt?", „Tanzen wir, wie eine Blume, die aufblüht!", „Lasst uns vor Freude hüpfen!" Unterstützt durch die Gruppe versucht jedes Kind, seine Gefühle in eigene Bewegungen umzusetzen.

Schritt 6: Tanzen Sie aus der Reihe

Trauen Sie den Kindern schließlich zu, ganz frei zu tanzen. Heben Sie die Ordnung des Kreises auf. Lassen Sie den Kindern den ganzen Raum zum Tanzen. Sie können sich selbst am Tanz beteiligen. Oder Sie treten in den Hintergrund und beobachten die Kinder wohlwollend. Mit einem Nicken oder einem interessierten Blick ermutigen Sie die Kinder, sich individuell auszudrücken.

Checkliste: So gelingt Ihr Tanzangebot mit Kindern

	o.k.?
Sie haben einen Raum mit genügend Platz zum Tanzen gewählt.	❏
Sie haben Hindernisse wie Tische oder Stühle an den Rand des Raumes gestellt.	❏
Sie haben darauf geachtet, dass der Boden des Raumes warm genug ist, um sich darauf ohne Schuhe zu bewegen.	❏
Sie haben Musikanlage, Kassettenrekorder oder CD-Player bereitgestellt und die Lautstärke schon im Vorfeld reguliert.	❏
Sie haben Musik für verschiedene Stimmungslagen und in verschiedenem Tempo bereitgelegt.	❏
Sie besprechen im Vorfeld mit den Kindern, dass keiner etwas Falsches tanzen kann und niemand ausgelacht wird.	❏
Sie stellen den Kindern frei, ob sie sich am Tanzen beteiligen möchten.	❏
Sie haben sich Schritte zum Vortanzen überlegt.	❏
Sie haben genügend Zeit zum freien Ausprobieren und Bewegen eingeplant.	❏

So wird jeder Kindergeburtstag garantiert zu einem unvergesslichen Erlebnis

Der Tag im Jahr, den sich Kinder am allermeisten herbeisehnen, ist sicher ihr Geburtstag. Einen ganzen Tag lang stehen sie dann, ohne dass sie etwas Besonderes leisten, im Mittelpunkt der Aufmerksamkeit. Darum ist der Geburtstag eines Kindes ideal, um ihm Ermutigung und Wertschätzung zukommen zu lassen. Am Geburtstag wird ein Kind ganz allein aus dem Grund gewürdigt, weil es auf die Welt gekommen ist und so ist, wie es ist.

Darum soll ein Kind an seinem Geburtstag möglichst viel Aufmerksamkeit und Zuwendung erfahren. Seine sozialen Grundbedürfnisse, z. B. zur Gemeinschaft zu gehören oder wichtig zu sein, sollten selbstverständlich an jedem Tag, aber am Geburtstag in besonderem Maße erfüllt werden.

Widmen Sie jedem Kind an seinem Geburtstag besondere Aufmerksamkeit

Mit kleinen Aufmerksamkeiten können Sie diesen wichtigen Tag für das Kind verschönern und für alle Kinder der Gruppe zu einem schönen Erlebnis machen.

- Heben Sie das Geburtstagskind mit einem äußerlichen Merkmal (Krone, Hut, Krawatte o. Ä.) hervor.

- Gestehen Sie dem Geburtstagskind möglichst viel Gestaltungsfreiraum und Wahlmöglichkeiten für die Geburtstagsfeier zu, z. B. bei der Auswahl der Spiele oder Lieder.

- Weisen Sie dem Geburtstagskind einen Ehrenplatz zu.

- Räumen Sie genügend Zeit ein, damit jedes Kind persönlich gratulieren und dem Geburtstagskind seine Wünsche aussprechen kann.

- Ermutigen Sie die anderen Kinder, etwas für das Geburtstagskind vorzubereiten. Das kann beispielsweise eine schöne Verzierung um den Teller – gelegt, gemalt, gebastelt oder auch gedichtet – sein.

- Schreiben Sie dem Geburtstagskind einen ganz persönlichen Geburtstagsbrief. Wie das geht, entnehmen Sie der folgenden Anleitung.

1 Bereiten Sie einen persönlichen Geburtstagsbrief vor

Versuchen Sie, jeden Kindergeburtstag so individuell wie möglich zu gestalten. Geschenke, Rahmen und Inhalte der Feier können für jedes Kind in leicht veränderter Form gestaltet werden. Mit einem persönlichen Geburtstagsbrief geben Sie dann noch jedem Geburtstag eine persönliche Note. Sie machen damit sicher jedem Kind eine große Freude. Mit etwas Übung sind Sie schnell mit dem Schreiben der Briefe vertraut und die Formulierungen gehen Ihnen leicht von der Hand.

So wird jeder Kindergeburtstag garantiert zu einem unvergesslichen Erlebnis

Sie haben **3 Möglichkeiten**, die Briefe zu gestalten. Alle haben Vor- und Nachteile.

1. Vorab geschriebene Briefe

Sie bereiten die Briefe zu Beginn des Kitajahres komplett vor. D. h., Sie schreiben in die Briefe eine Auswahl unterschiedlicher Gedichte, kopieren ein Bild oder Mandala zum Ausmalen hinein, fügen Ihre Glückwünsche an und unterschreiben den Brief.

Vorteil: Sie können so zu Beginn des Kitajahres alle Briefe fertig stellen.

Nachteil: Die Briefe sind zwar durch die Auswahl der Texte und Bilder verschieden, aber nicht sehr individuell am einzelnen Kind orientiert.

2. Fertige Briefhüllen

Sie bereiten nur die Briefhüllen vor, schreiben Namen und Geburtsdatum des Kindes darauf und können sie so als Geburtstagskalender aufhängen. Den Brief schreiben Sie dann wenige Tage vor dem Geburtstag und legen ihn in den Umschlag.

Vorteil: Sie können die aktuellen Neigungen des Kindes aufnehmen, z. B. ein Dinobild einfügen oder sich im Text auf ein aktuelles Ereignis in seinem Leben beziehen.

Nachteil: Manchmal häufen sich die Geburtstage oder andere Ereignisse in der Kita. So kann es sein, dass Sie beim Schreiben der Briefe in Zeitnot geraten.

3. Briefe zum Fertigstellen

Sie bereiten einen Teil des Briefes vor, z. B. das Gedicht und das Ausmalbild, und versehen dann jeden Brief kurz vor dem Geburtstag mit einigen persönlichen Worten und Ergänzungen, evtl. auch von Kindern aus der Gruppe.

Vorteil: Diese Methode ist praktisch. Sie kombiniert einen verringerten Aufwand direkt vor dem Geburtstag mit der persönlichen Note.

Nachteil: Sie müssen den Brief 2-mal bearbeiten – am Anfang des Jahres und kurz vor dem Geburtstag.

Nach dieser kombinierten 3. Variante wurde der Musterbrief auf der folgenden Seite geschrieben.

„Ohne Blumen,
ohne Träume,
ohne schöne Purzelbäume,
ohne Spaß
und ohne Dreck
hat das Leben keinen Zweck."

Liebe <u>Nadine</u>,

endlich ist Dein großer Tag gekommen und Du bist <u>5</u> Jahre alt.

Wir freuen uns mit Dir und wünschen Dir ein schönes und spannendes Fest mit vielen Gästen, guten Wünschen, Überraschungen und natürlich Geschenken.

Eigentlich machst Du uns ja jeden Tag in der Kita ein Geschenk.

Du schenkst uns <u>Deine immer gute Laune und Dein ansteckendes Lachen.</u>
Das finden wir ganz toll.
Und auch für <u>die farbenfrohen Bilder, die Du uns malst und schenkst,</u>
möchten wir Dir heute „Danke" sagen.

Wir haben einige Wünsche der Kinder für Dich gesammelt:
<u>viele Geschenke, einen Hund, eine große Torte, ein pinkfarbenes Pferd, ein schönes Kleid und viele Freunde!</u>

Nun wollen wir Dir auch ein Geschenk machen und singen Dir nach diesem Brief Dein Lieblingsgeburtstagslied vor:

<u>„Wie schön, dass Du geboren bist!"</u>

Das finden wir übrigens alle auch!

Es gratuliert Dir ganz herzlich die <u>Sonnengruppe</u> mit

<u>Frau Holzer und Julia</u>

Kita ade! – Machen Sie Mut für die Grundschule

Wenn aus Kitakindern im Laufe des letzten Jahres „richtige" Vorschüler werden, ist von den Eltern immer häufiger der Satz zu hören: „Jetzt wird es aber auch Zeit." Dem können Sie sicher oft zustimmen. Die Kinder, die bald die Grundschule besuchen sollen, haben alle Spiele schon oft gespielt und sich auch sonst alle Spielbereiche längst erschlossen. Nichts ist mehr neu im Kitaalltag – manches eher schon langweilig oder „für Babys". Aber trotzdem passt die Kita eben wie ein alter Schuh. Er ist sicher, bequem, warm, gemütlich und gehört irgendwie zu einem. Der Schritt in eine ganz andere, neue Welt, die der Grundschule, ist groß.

Und wie alle Schritte, mit denen Neuland betreten wird, so ist auch der in die Grundschule mit einem Gemisch aus Freude und Angst belegt. Einerseits freuen sich die Kinder auf die neue Unabhängigkeit und Herausforderung als Grundschüler. Andererseits wissen sie nicht genau einzuschätzen, was sie erwartet. Sie hören vom „Ernst des Lebens" und fürchten, überfordert zu sein vom Schulalltag, den es für sie nun ganz allein zu bewältigen gilt. Dieser Schritt in eine neue Selbstständigkeit braucht Mut, schafft aber auch Zutrauen in die eigenen Fähigkeiten.

Jeder Abschied beginnt mit einem Loslösungsprozess

Die Kinder lösen sich auf unterschiedliche Art und Weise. Manche Kinder werden lange Zeit sehr traurig sein und vielleicht besonders häufig Körperkontakt zu Ihnen suchen. Andere demonstrieren überdeutlich, wie wenig Interesse sie noch an Ihnen und der Kita haben, und sagen evtl. auch, wie froh sie sind, wenn die Kitazeit endlich vorbei ist. Wieder andere verbringen scheinbar leicht und voller Vorfreude auf die Grundschule die letzten Tage in der Kita.

Diese Bewältigungsmuster, so verschieden sie auch sind, helfen den Kindern, sich innerlich von Ihnen zu lösen. Sie Ihrerseits können den Kindern dadurch helfen, dass Sie jede Art des innerlichen „Abschiednehmens" annehmen, zulassen und jedem Kind gleichermaßen vermitteln: „Du schaffst das. Ich glaube an dich!" Außerdem können Sie jedem Kind etwas Persönliches aus der Kita mit auf den Weg geben. Das könnte eines der folgenden Dinge sein:

Schenken Sie ein Stück „Kitaheimat"

Bei dem Schritt ins Unbekannte ist es hilfreich, wenn die Kinder etwas Vertrautes aus ihrer gewohnten Umgebung mitnehmen können, um es bei Bedarf hervorholen zu können. Mit einem Stück „Kitaheimat" verbinden sie gute Erinnerungen und Beziehungen. Das könnte z. B. etwas selbst Gebasteltes wie ein kleiner Schutzengel, Sorgenpüppchen o. Ä. sein – oder etwas aus der Kita, was dem Kind immer besonders gefallen hat, z. B. eine schöne Muschel oder ein Glitzersteinchen.

Ermöglichen Sie ein herzliches „Come back"

Ganz sicher freuen sich die Kinder, wenn Sie ihnen sagen, dass sie jederzeit wieder gern in der Kita gesehen sind. Verdeutlichen Sie das, indem Sie jedem zukünftigen Grundschulkind einen Gutschein für 1 bis 3 Nachmittagsbesuche in der Kita schenken.

Gestalten Sie ein Abschiedsritual

Sorgen Sie für einen spektakulären „Abgang" der Vorschüler aus der Kita und befördern Sie die Kinder einzeln schwungvoll nach draußen, wo sie von den Eltern (evtl. mit den Schultüten) erwartet werden. Dazu halten sich 2 Erwachsene an den Händen. In der Mitte steht ein Kind und wird hin- und hergewiegt. Auf das Kommando: „1, 2, 3" wird das Kind dann hinausgeschwungen. Erklären Sie vorab genau, was Sie vorhaben.

1 Blicken Sie auf die gemeinsame Zeit zurück

Den Rückblick können Sie in Form eines persönlichen Briefs an das Kind verfassen. Er kann am letzten Tag übergeben oder als letztes Blatt ins Portfolio, die Mappe oder Malmappe des Kindes eingeheftet werden. Der Brief stellt für das Kind eine schöne Erinnerung dar und hilft gleichzeitig auch Ihnen, die gemeinsame Zeit mit dem Kind Revue passieren zu lassen und Abschied zu nehmen.

Muster: Persönlicher Abschiedsbrief

„Möge der Weg Dir freundlich entgegenkommen,
der Wind niemals gegen Dich stehen,
Sonnenschein Dein Gesicht bräunen,
Wärme Dich erfüllen.
Der Regen möge Deine Felder tränken
und
bis wir uns beide wiedersehen,
halte Gott Dich schützend
in seiner großen Hand."

Lieber Paul,

als Du zu uns in die Kita gekommen bist, warst Du
noch nicht einmal 3 Jahre alt.
Trotzdem bist Du bereits am 1. Tag mutig hereinspaziert, hast mit allen
Erzieherinnen gesprochen und bei allem mitgemacht. Von Anfang an hast Du
so richtig zu uns gehört und warst ein richtiges „Marienkäferkind".
Schnell hattest Du auch Freunde, mit denen Du Dich unheimlich gern verkleidet hast. „Polizei"
war lange Zeit Euer Lieblingsspiel.
Später hast Du dann vor allem
mit Lucas, Steffen und Marc stundenlang sehr aufwändige und kreative Kunstwerke in
der Bauecke geschaffen.
Weißt Du noch, dass Du einmal ein Haus für den Nikolaus gebaut hast, damit er mit seinen
Kobolden bei uns einziehen sollte?
Spielen im Garten und unsere fröhlichen Waldtage
haben Dir immer besonders viel Spaß gemacht.
Du hast Dich nicht geschont und so hast Du meist nach einem Waldtag auch wie ein kleiner
Waldkobold ausgesehen.
Toben, rennen, klettern und Waldhäuser bauen waren genau das Richtige für Dich!
In letzter Zeit hast Du Dich so freundlich um unsere neuen Kinder bemüht und sie mitspielen
lassen.
Das hat uns sehr gefreut.
Die Vorschule war für Dich immer etwas Besonderes. Selbst experimentieren und vor allem das
Erforschen von Tieren und der Natur waren mit Dir immer sehr
spannend und lustig.
Darum kannst Du Dich jetzt schon richtig auf die Schule freuen. Deine Lehrerin wird viel Spaß mit
und an Dir haben, denn ganz bestimmt meisterst Du auch die Aufgaben in der Grundschule so,
wie Du alles andere meisterst: nämlich mit Leib und Seele.
Wir freuen uns, dass wir mit Dir einen so fröhlichen, aufgeschlossenen und mutigen Jungen
in die Schule entlassen.

Besuch uns bald mal in der Marienkäfergruppe und erzähle uns, wie es Dir geht.

Die allerbesten Wünsche von Deiner Erzieherin

Frau Barker

3. Teil: Worte, Gesten und „kleine Helfer", die Kinder stark machen

Mit Worten und Gesten Kinder ermutigen

„Ich glaube an dich!" Solche Worte machen Mut. Ermutigung ist etwas elementar Wichtiges, von dem ein Kind nie genug bekommen kann. Der bekannte Individualpsychologe Rudolf Dreikurs hat einmal gesagt: „Ein Kind braucht Ermutigung wie eine Pflanze das Wasser." Ermutigung lässt Kinder wachsen und gedeihen. Deshalb ist es eine Ihrer bedeutendsten Aufgaben im Alltag, Kinder zu ermutigen.

Durch Ihren Zuspruch, Ihre aufmunternden Worte und Gesten erfährt ein Kind, dass Sie an es glauben. Es bekommt Ihr Vertrauen in sein Tun zu spüren. Damit kann das Kind dann selbst Vertrauen in sich entwickeln. So entstehen Selbstvertrauen und Selbstbewusstsein.

So ermutigen Sie Kinder im Alltag

Für Kinder ist jede Form der positiven Aufmerksamkeit ermutigend. Immer wenn es merkt, dass Sie sich für es interessieren, wächst das eigene Zutrauen. Darum ist es wichtig, dass Sie sich wirklich bewusst und ehrlich für jedes Kind im Kitaalltag Zeit nehmen. Es geht hier nicht darum, besonders viel Zeit zu investieren, sondern möglichst intensive Augenblicke zu schaffen. Achten Sie deshalb auf Qualität statt auf Quantität. Es bewirkt viel mehr, wenn Sie sich kurz, aber uneingeschränkt einem einzelnen Kind widmen, statt oft mit halbem Ohr bei der Sache zu sein.

Zwischen Ermutigung und Lob unterscheiden

Häufig werden Ermutigung und Lob als ein und dieselbe Methode gesehen. Dabei ist Ermutigung wertfrei, universell und ohne Gegenleistung einzusetzen. Das macht den mutmachenden Zuspruch auch so wertvoll. Lob und Belohnung geben Sie dem Kind, wenn es etwas gut gemacht, gekonnt oder geschafft hat. Das Kind muss vorher also eine Leistung erbringen, damit es sich das Lob oder die Belohnung verdient hat.

Ermutigen können Sie immer. Dazu muss das Kind keine Vorleistung erbringen. Es reicht, dass es sich bemüht, etwas probiert oder einfach da ist. Bei der Ermutigung stärken und bestärken Sie ein Kind in seinem Tun. Ob es schließlich erfolgreich ist, spielt bei der Ermutigung keine Rolle. Durch einen ermutigenden Zuspruch wird nicht das Ergebnis einer Handlung bewertet, sondern das Kind auf seinem Weg bestärkt. Der gefaltete Schmetterling eines 3-Jährigen sieht beispielsweise sicherlich weniger perfekt aus als der eines 5-Jährigen. Worte wie „Du hast dir viel Mühe gegeben!" ermutigen jüngere Kinder, sich etwas zuzutrauen.

1 Wirklich Mut machen

Wenn Sie ein Kind ermutigen wollen, sollten Sie den Zuspruch bewusst und bedacht wählen. Dann hat Ermutigung eine positive und bereichernde Wirkung. Achten Sie darauf, dass Sie Ihre Ermutigung nicht negieren, indem Sie einen entmutigenden Zusatz anfügen.

Mit Worten und Gesten Kinder ermutigen

Folgende Aussagen sollten Sie vermeiden:

- „Ich glaube an dich, also enttäusche mich auch nicht!"
- „Ich weiß, dass du das kannst, darum jammere nicht herum!"
- „Das ist dir gelungen. Warum hast du es nicht gleich so gemacht?"
- „Da hast du dir Mühe gegeben, aber es hätte schon etwas schneller gehen können."
- „Ich schätze an dir besonders ... Aber das mag ich gar nicht!"

Durch solche negativen Zusätze löschen Sie nicht nur die Ermutigung, sondern kehren sie ins Gegenteil um. Das Kind verliert den Glauben an sich, wenn es erfährt, dass der Erwachsene zwar versucht hat, ihm zu vertrauen, gleichzeitig aber damit rechnet, enttäuscht zu werden. So wird ein Kind mutlos und traut sich wenig zu. Achten Sie also darauf, bei Ihrer positiven Aussage zu bleiben. So stärken Sie das Kind für seinen Alltag.

Besondere Worte für besondere Tage

Natürlich ist Ermutigung immer notwendig und wichtig. Aber gerade an besonderen Tagen, z. B. am Geburtstag oder bei einer Abschiedsfeier, haben ermutigende Worte eine prägende Wirkung. Planen Sie Ermutigung für jedes Kind individuell an schwierigen Tagen ein. Für ein Kind ist es ein besonderes Geschenk, z. B. von allen Kindern der Gruppe im Kreis nacheinander ermutigt zu werden. Auch ein einschneidendes Ereignis wie etwa der Schulanfang wird für ein Kind leichter, wenn es vorher entsprechend ermutigt wird. Mut ist wichtig und tut täglich gut!

Tabelle: So ermutigen Sie Kinder mit Worten und Gesten

Nonverbale Ermutigung

- Wohlwollender Blick
- Interessiertes Zuschauen
- Staunender Blick
- Zunicken
- Lächeln
- Zuzwinkern
- Daumen hochstrecken
- In die Hände klatschen
- Arme hochstrecken
- Über den Kopf streicheln
- Auf die Schulter klopfen
- In den Arm nehmen

Verbale Ermutigung

- *„Du schaffst es!"*
- *„Ich glaube an dich!"*
- *„Ich weiß, du kannst das!"*
- *„Da hast du dir große Mühe gegeben!"*
- *„Das hat dich viel Kraft gekostet."*
- *„Ich vertraue dir!"*
- *„Du hast durchgehalten!"*
- *„Was ich besonders an dir schätze, ist ..."*
- *„Ich mag dich gerne."*
- *„Das gefällt mir gut an dir."*
- *„Ich glaube, ich verstehe, dass du ..."*
- *„Ich freue mich so mit dir!"*

Tabelle auf CD-ROM

Positivem Verhalten der Kinder Beachtung schenken

„Haben Sie heute die Kinder schon gelobt?" So ähnlich lautete der Text eines Aufklebers, der in den 70er Jahren so manches Auto zierte. Damit sollten die Eltern dafür sensibilisiert werden, dass die Erziehung mit positiven Mitteln gut und richtig ist. Damals galt der oft sehr verbreitete Grundsatz: *„Nicht geschimpft ist Lob genug!"*

Wenn ein Kind nur auf seine Schwächen hingewiesen wird, entwickelt es ein negatives Selbstbild. Es entsteht der Eindruck, dass es nichts lernen und richtig machen kann. Ein Kind muss erst üben, sich selbst einzuschätzen. Dazu benötigt es die Hilfe von Bezugspersonen. Das Kind lernt einzuordnen, wie sein Verhalten auf andere wirkt, wenn es darüber informiert wird. Eine Möglichkeit des positiven Feedbacks ist das Lob. Durch Lob bestärken Sie Kinder darin, weiterhin positives Verhalten, z. B. Hilfsbereitschaft oder Höflichkeit, zu zeigen.

1 Zeigen Sie den Kindern Ihre Erwartungen

Kinder fühlen sich gestärkt, wenn sie wissenes, was man von ihnen erwartet. Kennen die Kinder Verhaltensweisen, die gut und angemessen sind, können sie diese auch zeigen. Das müssen Kinder aber erst lernen. Dafür brauchen sie Ihre Rückmeldung. Darum ist es sinnvoll, Kinder für ein Verhalten oder eine Leistung zu loben. So erfahren sie, wie ihre Handlung eingeschätzt wird, und fühlen sich bestärkt in ihrem Tun. Damit Sie mit Ihrer positiven Verstärkung die erwünschte Wirkung erzielen, sollten Sie Folgendes beachten:

2 Vermeiden Sie Verallgemeinerungen

Allumfassende Wörter wie „immer", „dauernd" oder „ständig" haben in keiner Rückmeldung etwas zu suchen. Sonst handelt es sich um ein (Vor-)Urteil. Es wird vom Kind als ungerecht und wertlos empfunden, wenn nicht das konkrete Verhalten gesehen wird, sondern alle Verhaltensweisen verallgemeinert werden. Bleiben Sie darum beim Lob bei einer konkreten Situation. Beginnen Sie z. B. mit: „Die Farben deines Bildes gefallen mit sehr gut! Das hast du toll gemalt!"

3 Loben und belohnen Sie angemessen und ehrlich

Wenn Sie Lob oder Belohnung zu jeder Gelegenheit verteilen, wirkt es unverdient. Es ist dann nichts oder wenig wert, je öfter es vergeben wird. Kinder sollten durch Lob und Belohnung einen Maßstab für ein Verhalten bekommen, das gut ist, wenn man es zeigt. Loben Sie also sehr bedacht. Damit bleiben Sie den Kindern gegenüber ehrlich und glaubwürdig. Außerdem erhält das Kind ein verzerrtes Bild von Wertigkeit, wenn es unangemessen für eine Leistung gelobt oder belohnt wird. Für ein Mithelfen beim Aufräumen erscheint ein Lob angebracht. Eine Belohnung mit einer Tüte Bonbons würde beim Kind hingegen vermutlich das Gefühl auslösen, dass es für die kleine Gefälligkeit „bezahlt" wird.

Mit Lob und Belohnung kommen Sie Zielen näher

Nicht nur das positive Verhalten eines einzelnen Kindes können Sie durch Lob verstärken. Auch sozial verträgliches Verhalten innerhalb der gesamten Gruppe fördern Sie durch lobende Worte. Grundsätzlich sollten Sie vermeiden, alle Kinder gleich zu behandeln. Das wird dem einzelnen Kind nicht gerecht. Jedes Kind hat das Recht, in seinem eigenen Tempo Fortschritte zu machen. Der Entwicklungsstand einzelner Kinder variiert je nach Alter und Voraussetzungen. Trotzdem kann es sinnvoll sein, die gesamte Gruppe für ein Verhalten zu loben.

Legen Sie mit den Kindern fest, was Sie erreichen wollen. Mit dem Vorsatz „Wir sind höflich zueinander" stärken Sie beispielsweise das Sozialverhalten der Kinder. Achten Sie auch auf die kleinen Fortschritte der Kinder, z. B. wenn sie immer öfter daran denken, am Morgen unaufgefordert zu grüßen. Das sollten Sie dann mit einem Lob oder einer Belohnung honorieren. So gelingt es Ihnen, durch positive Verstärkung die gesamte Gruppe anzusprechen.

Checkliste: So verstärken Sie positives Verhalten nachhaltig!

	o. k.?
Sprechen Sie darüber, welches Verhalten Sie von den Kindern erwarten, z. B. einen freundlichen Umgangston.	❑
Fragen Sie nach, ob die Kinder Begriffe wie Rücksicht oder Höflichkeit kennen, und erklären Sie unbekannte Begriffe.	❑
Beobachten Sie die Kinder bei ihren Handlungen.	❑
Versuchen Sie, jedes Kind einzeln im Auge zu haben, damit Sie die jeweiligen Stärken individuell beurteilen können.	❑
Suchen Sie sich ein konkretes Verhalten bei einem Kind heraus, das Sie loben möchten.	❑
Formulieren Sie Ihr Lob einfach und positiv, z. B.: *„Ich finde es toll, dass du heute dein Pausenbrot mit Felix geteilt hast!"*	❑
Sprechen Sie das Kind beim Loben persönlich an, d. h., gehen Sie auf Augenhöhe des Kindes, suchen Sie Blickkontakt und warten Sie, bis Sie die Aufmerksamkeit des Kindes haben.	❑
Loben Sie nur bei wirklich herausragenden Situationen, z. B. bei einer besonders gelungenen Zeichnung.	❑
Passen Sie Ihr Lob dem gezeigten Verhalten an, z. B. *„Prima gemacht!"* bei einem gelungenen Spiel und *„Ich finde deine Bastelarbeit wirklich hervorragend!"* für ein langes Gestaltungsprojekt.	❑
Verteilen Sie je nach Begebenheit kleine und größere Belohnungen. Kleinere Belohnungen könnten z. B. Aufkleber oder schöne Stifte, größere Belohnungen z. B. ein Spiel oder ein Ausflug zum Spielplatz sein.	❑
Loben Sie bei besonderen Fortschritten nicht nur die Kinder, sondern informieren Sie auch die Eltern darüber, die sich sicher gerne mitfreuen möchten.	❑

Geschichten, die stark machen

„Es war einmal ..." Mit dieser Formel beginnen unverkennbar die beliebten und geschätzten Volksmärchen, die auch Sie sicherlich aus Ihrer eigenen Kindheit kennen. Märchen und andere Geschichten sind ein besonders wichtiges Medium, um Kindern Stärke zu vermitteln. Scheuen Sie sich nicht, immer wieder zu einem Märchenbuch zu greifen, wenn Sie Kindern Mut für ihren Alltag machen wollen. Schon seit Generationen werden Kindern Geschichten erzählt, die sie weiterbringen. Machen Sie mit!

Grundsätzlich haben Geschichten, egal welches Thema sie aufgreifen, für Kinder einen bereichernden Wert. Die unterschiedlichsten Kompetenzen werden durch das Erzählen und Vorlesen bei Kindern gefördert. Das macht Kinder stark für die Anforderungen des Alltags.

■ Kinder lernen durch Geschichten, sich auszudrücken. Sprachliche Fähigkeiten sind der Grundstein für viele weitere Lernschritte im Leben eines Kindes. Durch Geschichten lernt das Kind zu assoziieren. Es bekommt Vorschläge, wie es sich äußern kann, und lernt, Gedanken in Worte zu fassen. Zudem erwirbt das Kind durch Geschichten einen größeren und umfangreicheren Wortschatz.

■ Die Empathiefähigkeit bei Kindern wird geweckt und gefördert. Kinder fühlen sich in die handelnden Personen einer Geschichte ein. Sie erleben die Handlung aus Sicht der fiktiven Person. Dadurch lernt das Kind, andere besser zu verstehen und zu respektieren.

■ Geschichten bieten Übungsmöglichkeiten für den Umgang mit Problemen. So lernen Kinder an Beispielen und Erlebnissen, wie sie mit bestimmten Situationen umgehen können. Gedanklich spielen sie Szenen und Handlungen durch. Dabei gewinnen sie an Kompetenz, mit den eigenen Schwierigkeiten des Alltags umzugehen.

■ Geschichten sorgen für Entspannung. Wenn ein Kind die Möglichkeit hat, nach Bewegung, Anspannung und aktionsreichen Situationen einen Gegenpol zu finden, kann es sich gesund entwickeln. So helfen Geschichten, Abstand zu gewinnen und durchzuatmen. Ein Erwachsener nimmt sich während des Erzählens oder Vorlesens Zeit für das Kind. Es bekommt Aufmerksamkeit und Zuwendung in Form von gemeinsamer Beschäftigung. Darum können erzählte und vorgelesene Geschichten für Kinder wahre Glücksmomente sein.

Bücher mit starken Inhalten stärken Kinder

Ganz besonders hilfreich bei der Persönlichkeitsentwicklung sind Geschichten, die aufgrund ihres Inhalts Mut machen. Durch solche stärkenden Geschichten haben Sie die Möglichkeit, kindliche Probleme in angemessener Form vorzutragen. Kinder bekommen eine Figur an die Hand, an deren Seite sie Schwierigkeiten meistern und Probleme lösen dürfen. Dadurch lernen Kinder verschiedene Möglichkeiten kennen, wie sie z. B. mit Streit oder Enttäuschung umgehen können.

Geschichten, die stark machen

Ermutigende Inhalte finden Sie in ganz verschiedenen Arten von Erzählungen. So können Sie je nach Situation aus verschiedenen Kategorien wählen. Abhängig von verschiedenen Faktoren wie Alter, Vorkenntnissen oder Entwicklungsstand der Kinder können Sie zu

1 biblischen Geschichten,

2 Märchen,

3 Vorlesegeschichten oder

4 Bilderbuchgeschichten greifen.

Darin finden Sie Inhalte, die sich mit den Themen Angst, Wut, Alleinsein, Konflikte usw. beschäftigen.

So lesen und erzählen Sie kindlich angemessen

Neben der Auswahl der Inhalte sollten Sie auch die Art und Weise überdenken, in der Sie eine Geschichte vortragen. Damit die stärkende Botschaft einer Geschichte bei den Kindern ankommt, ist es wichtig, dass Sie

■ genügend Zeit zum Vortragen der Geschichte haben,

■ sich einen ruhigen und gemütlichen Ort zum Vorlesen suchen,

■ in deutlicher und natürlicher Sprache erzählen oder lesen,

■ Gefühlsregungen der Kinder während der Geschichte zulassen und einbeziehen,

■ Zeit danach einplanen, um mit den Kindern über ihre Eindrücke und Gedanken zu sprechen.

Durch eine Geschichte fördern Sie bei den Kindern nicht nur soziale und sprachliche Kompetenzen. Sie stärken die Kinder auch durch Unterhaltung und Entspannung und geben Anlass, über lustige Stellen herzhaft zu lachen!

Tabelle: Geschichten, die stark machen

Kathegorie	Titel	Für welches Alter?	Zum Inhalt
1 Biblische Geschichten	Die Heilung eines Gelähmten (Neues Testament, Lk 5, 17–26)	ab 4 Jahren	Jesus heilt einen Mann, der gelähmt ist. Wenn sich ein Kind handlungsunfähig fühlt, braucht es jemanden, der ihm aus dieser Situation heraushilft. Dabei kann diese Geschichte aus der Bibel helfen, indem sie Glauben vermittelt.
	Die Segnung der Kinder (Neues Testamtent, Mk 10, 13–16)	ab 3 Jahren	Jesus holt Kinder zu sich und segnet sie. Er teilt allen mit, dass Kinder besonders wichtig sind. So werden Kinder ermutigt. Sie erhalten die Botschaft: Ich bin wertvoll!
2 Märchen	„Hänsel und Gretel"	ab 3 Jahren	Dieses Märchen ist besonders gut geeignet für die Zeit des Kindergarteneintritts, wenn das Kind zum 1. Mal einige Zeit ohne seine Eltern verbringt. Das Märchen ermutigt dazu, sich den Gefahren des Unbekannten zu stellen, und vermittelt: Zuhause wirst du liebevoll empfangen.
	„Die Bremer Stadtmusikanten"	ab 4 Jahren	Scheinbar nutzlose Tiere schließen sich zusammen, um ihren Lebensabend gemeinsam zu verbringen. So schaffen sie es, sogar eine Räuberbande zu verjagen. Das Kind erfährt, dass zusammen vieles leichter geht.
3 Vorlesegeschichten	„Kleine Helden – großer Mut" (Bartram, Angelika u. a., Rowohlt Verlag)	ab 4 Jahren	Kleine Geschichten zum Vorlesen, die Mut machen. Hier gibt es zwar keine Bilder, aber tolle Inhalte!
	„Geschichten vom 'Nein-Sagen'" (Bartoli y Eckert, Petra u.a., Verlag an der Ruhr)	ab 3 Jahren	24 Vorlesegeschichten, die Mut machen, auch mal "Nein" zu sagen. Mit Ausmalbildern und zahlreichen Ideen zum spielerischen und kreativen Weitermachen.
4 Bilderbuchgeschichten	„Gemeinsam bin ich stark" (Kinskofer, Lotte u. a., Bajazzo Verlag)	ab 5 Jahren	Michael ist ein Feigling. Bis plötzlich ein starker unsichtbarer Freund an seiner Seite auftaucht. Manchmal brauchen Kinder Gestalten, die sie auf schwierigen Wegen begleiten.
	„mutig, mutig" (Pauli, Lorenz u. a., Orell Füssli Verlag)	ab 3 Jahren	Wirklich mutig ist manchmal derjenige, der sich traut, „Nein!" zu sagen. Diese Botschaft erhalten Kinder in dem Bilderbuch „mutig, mutig".

Verlag PRO KiTA

Kuschel und Co können heute was erleben: ein Foto-Bilderbuch entsteht

Trotz aller Medienvielfalt, die auch Kitakinderkinder bereits in großem Umfang nutzen, kann ein altbewährtes Medium nicht verdrängt werden: das Buch. Es ist nach wie vor hochaktuell und wird von Kindern, Jugendlichen und Erwachsenen geschätzt. In der Kita gehört das Vorlesen von ausgewählten Kinderbüchern glücklicherweise zum Alltag und zu einer der beliebtesten Beschäftigungen.

Aber nicht ausschließlich das Anschauen von Bilderbüchern bereitet Kindern Freude. Ältere Kinder üben sich häufig am Basteltisch darin, eigene kleine zusammengeklebte Bücher herzustellen, die sie dann bemalen oder bebildern.

1 Medien aktiv nutzen statt konsumieren

Kinder sollen lernen, Medien kreativ für ihre Zwecke und Bedürfnisse zu nutzen, anstatt sie lediglich zu konsumieren. Kinder verarbeiten ihre Erlebniswelt z. B. im Rollenspiel, beim Spielen und beim Bauen. Je mehr Darstellungsmöglichkeiten sie haben, ihre Themen in Bilder umzusetzen und kreativ zu bearbeiten, desto besser.

2 Mit einfachen Mitteln Medien einführen

Das Hineinwachsen in die Medienwelt sollte ein selbstständiger und kreativer Prozess für die Kinder sein, den Sie unterstützen können. Eine digitale Kamera, etwas Papier, Kleber und Fantasie – mehr brauchen Sie nicht, um mit jedem Kind sein eigenes, individuelles Bilderbuch herzustellen.

Vom Kuscheltier zum selbst gemachten Foto-Bilderbuch

Zum Herstellen eines eigenen Bilderbuches bietet sich besonders das Lieblingskuscheltier des Kindes als Hauptdarsteller an. Wenn Sie den Kindern die Möglichkeit geben, ihr Kuscheltier mit in die Kita zu bringen und einige Kitaabenteuer erleben zu lassen, beflügeln Sie damit die Fantasie der Kinder. Gehen Sie nach folgender Schritt-für-Schritt-Anleitung vor und gestalten Sie mit jedem Kind ein eigenes Bilderbuch.

Das brauchen Sie:

- Digitalkamera

- Farbiges Tonpapier (DIN A5)

- Klebestift

- Locher und Wolle / Bast oder Bindegerät

- Filzstifte

Kuschel und Co können heute was erleben: ein Foto-Bilderbuch entsteht

Schritt 1: Überlegen Sie gemeinsam, was das Kuscheltier im in der Kita erleben kann

Bitten Sie das Kind, mit dem Sie das Bilderbuch gestalten möchten, sein Lieblingskuscheltier mit in die Kita zu bringen. Dann überlegen Sie gemeinsam, was das Kuscheltier
in der Kita erleben soll. Soll es einen Tagesablauf erleben? Könnte es ein Abenteuer bestehen? Welche Bereiche sollen mit einbezogen werden? Soll es Geburtstag haben?
Möchte es eine Turnstunde mitmachen? Der Fantasie sind keine Grenzen gesetzt. Halten
Sie grob schriftlich fest, für welchen Ablauf sich das Kind entschieden hat, und bestimmen
Sie die Anzahl der Bilder, die gemacht werden sollen (ca. 6 bis 8 Fotos). Wenn Sie gemeinsam die Rahmenhandlung festgelegt haben, gehen Sie zum „Fotoshooting" über.

Schritt 2: Erstellen Sie Fotos

Das Kind darf jetzt sein Kuscheltier in den ausgewählten Bereichen oder den besprochenen Einstellungen in Szene setzten (z. B. beim Essen am Frühstückstisch). Dann macht es
von jeder Szene 1 bis 3 Fotos mit der Digitalkamera. Später wählen sie gemeinsam die am
besten gelungenen Aufnahmen und drucken diese aus (Format 9 x 13 oder 10 x 15).

Schritt 3: Gestalten Sie das Foto-Bilderbuch

Wenn die Fotos fertig sind, wählen Sie mit dem Kind das Papier und damit den farblichen
Hintergrund für das Bilderbuch aus. Tonpapier im DIN-A5-Format eignet sich gut. Wenn
Sie ein Spiralbindegerät zur Verfügung haben, können Sie die Seiten lochen und heften.
Wenn nicht, falzen Sie entweder an jeder kurzen Buchseite links einen Rand und verkle-
ben die Seiten anschließend miteinander oder Sie lochen die Seiten mehrmals und heften
Sie mit einem Stück Wolle oder Bast zusammen. Dann klebt das Kind in der ausgewählten
Reihenfolge jeweils auf die rechte Seite ein Bild. Beginnen Sie beim Einkleben mit der 2.
Seite des Buches, so dass die 1. Seite ein Deckblatt sein kann.

Schritt 4: Ergänzen Sie das Foto-Bilderbuch um Kommentare des Kindes

Wenn alle Bilder geklebt sind, schauen Sie sich gemeinsam das Bilderbuch an. Das Kind
kann nun die Geschichte oder das Abenteuer, das sein Kuscheltier erlebt hat, erzählen.
Sie schreiben diese Kommentare parallel dazu auf die noch freie linke Buchseite.

Selbsttest: Wie vielfältig nutzen Sie Medien gemeinsam mit den Kindern?

	ja	nein
Geben Sie den Kindern die Möglichkeit, ihre selbst gebauten Kunstwerke z. B. in der Bauecke zu fotografieren und so zu dokumentieren oder auszustellen?	❏	❏
Nehmen Sie ab und zu Kinderlieder, Kommentare oder Musikstücke, die die Kinder selbst produzieren, auf Kassette auf und hören sie dann gemeinsam an?	❏	❏
Halten Sie das Rollenspiel oder Theaterspiel der Kinder manchmal auf Video fest, um es gemeinsam anzuschauen?	❏	❏
Haben die Kinder die Möglichkeit, mit geeigneten ausgewählten Programmen selbstständig am Computer tätig zu sein?	❏	❏
Dürfen die Kinder einzelne Computerseiten, z. B. Mandalas, ausdrucken?	❏	❏
Recherchieren Sie auf ausgewählten Kinderseiten im Internet, wenn die Kinder Fragen zu speziellen Themen haben?	❏	❏
Dürfen die Kinder bei Ausflügen, Festen und Feiern fotografieren oder filmen?	❏	❏
Lassen Sie die Kinder hin und wieder ein Bilderbuch erzählen (auch vor anderen Kindern)?	❏	❏
Ermutigen Sie die Kinder dazu, eigene Bilderbücher herzustellen und Geschichten dazu zu erfinden?	❏	❏
Beziehen Sie die Kinder in die Dokumentation Ihrer Projekte ein, indem sie beispielsweise selbst Fotos davon machen und Texte dafür entwerfen dürfen?	❏	❏
Verwenden Sie Bilder und Texte aus Zeitungen und Zeitschriften als Informationsquelle, Ergänzung zu Sachthemen oder für künstlerische Arbeiten wie Collagen?	❏	❏

Auswertung:

8- bis 11-mal „ja": Sie sind ein Medienprofi und ermöglichen den Kindern einen kreativen und vielfältigen Umgang mit einem breiten Angebot an Medien.

4- bis 7-mal „ja": Sie befinden sich auf dem Weg und erschließen sich die Medienwelt Stück für Stück. Gehen Sie einen Schritt weiter und probieren Sie die kreativen und praktischen Einsatzmöglichkeiten der Ihnen noch unbekannten Medien aus, indem Sie einfach gemeinsam mit den Kindern experimentieren. Versuche mit der Digitalkamera oder einem Kassettenaufnahmegerät sind dazu besonders geeignet. Lediglich bei der Nutzung des Computers sollten Sie sich vorab genau über geeignete Programme und Internetseiten informieren.

0- bis 3-mal „ja": Sie sind in der Medienwelt noch nicht zuhause. Versuchen Sie herauszufinden, ob Sie Vorbehalte gegen die Nutzung von Medien mit Kindern haben und warum das so ist. Diskutieren Sie mit Ihren Kolleginnen über dieses Thema. Vielleicht haben Sie selbst eine gewisse Scheu vor Medien.

Überlegen Sie dann, was Ihnen helfen könnte, Ihre Hemmschwelle zu überwinden. Wagen Sie einfach einmal etwas Neues. Vielleicht kann bei einem Versuch gemeinsam mit den Kindern der „Funke" auf Sie überspringen.

Schutzengel als „kleine Helfer" durch den Alltag

Kinder kennen Engel. Sie begegnen ihnen in der Kirche oder als Symbol im Alltag. Sogar in Filmen und auf Postkarten finden sich Engel. Vielleicht entdecken Kinder auch in der Kita Bilder oder Figuren mit Engeln. Der Name dieses Schutzwesens leitet sich vom griechischen Wort „Ángelos" ab, was soviel bedeutet wie Bote oder Botschafter.

Der Mensch verbindet außerdem mit einem Engel das Gute. Deshalb steht das Symbol eines blauen Engels auch auf Produkten, die besonders umweltverträglich sind, sozusagen als Botschafter für eine bessere Umwelt. Wir sagen einem Menschen, der uns etwas Gutes getan hat: „Du bist ein Engel!"

Gestalten Sie mit Kindern ein Schutzsymbol

Nutzen Sie die Assoziationen, die wir mit dem Symbol des Engels verbinden, zur Stärkung der Kinder. Gerade im magischen Denken, in dem sich Kinder in der Kita befinden, haben solche Symbole eine enorme Wirkung. Geben Sie Kindern einen Engel als Schutzsymbol mit auf ihren Weg. Damit stärken Sie Kinder folgendermaßen:

- Kinder haben immer etwas zum Anfassen dabei, das ihnen Schutz gibt. Daran können sie sich im wahrsten Sinne des Wortes festhalten. Das gibt Sicherheit.

- Kinder verbinden eine übergeordnete Kraft mit dem Symbol Engel. Dadurch fühlen sie sich beschützt. Das macht sie stark, um den Herausforderungen des Alltags standzuhalten.

- Mit einem Weggefährten geht manches leichter. Kinder fühlen sich nicht allein gelassen, auch wenn sie immer mehr Situationen ohne Eltern oder Bezugspersonen meistern müssen. Sich begleitet zu fühlen fördert das Zutrauen in die eigenen Fähigkeiten und somit die persönliche Entwicklung.

1 Ein individueller Schutzengel mit großer Wirkung

Natürlich gibt es vorgefertigte Schutzengel zu kaufen. Aber die Wirkung eines Symbols ist umso stärker, je persönlicher das Zeichen ist. Wenn Kinder ihren eigenen Schutzengel gestalten, haben sie Zeit, Mühe und Individualität auf diese Figur verwendet. Mit Holzperlen, Schaumstoffkugeln oder einem bereits vorgefertigten Holzkorpus für Spielfiguren können Sie gemeinsam mit den Kinder einen ganz persönlichen Engel herstellen. Nebenstehend finden Sie als Anregung eine Anleitung zur Gestaltung eines Schutzengels.

Dem Engel gute Worte mitgeben

Ein Zauber funktioniert am besten mit einem Zauberspruch. Für viele Rituale im Alltag haben wir begleitende Worte. Feste und Feiern leiten Sie oft mit bekannten Floskeln ein. Darum bietet es sich auch bei einem Schutzengel an, dass er noch ein paar gute Worte mit auf seinen Weg bekommt. Immerhin hat er eine wichtige Aufgabe zu erfüllen, nämlich den Kindern Schutz und Sicherheit zu geben.

Weil es sich um ein Symbol handelt, das in der Religion seine Wurzel hat, sollten Sie auch Worte wählen, die sich auf Glauben und Ethik beziehen. Besonders geeignet hierfür sind Segenswünsche. Auch diese findet man in allen Weltreligionen. Wenn der Engel fertig gestaltet ist, können Sie mit den Kindern feierlich einen Segensspruch sprechen. Lassen Sie jedes Kind am besten einen passenden Segen auswählen, wenn es seinen fertigen Schutzengel in den Händen hält. Beispiele finden Sie hier:

- Auszug aus dem „Irischen Segen": „Möge Gott auf dem Weg, den du vor dir hast, vor dir hergehen."

- Buddhistischer Segen: „Möge es mir wohlergehen! Möge es allen Wesen wohlergehen! Mögen alle Wesen glücklich sein!"

- Selbst formulierte Segenswünsche, z. B. „Ich wünsche dir Glück und viele gute Freunde!", „Habe Mut, deinen Weg zu gehen. Dabei bist du nicht allein!"

Den eigenen Weg muss jedes Kind allein gehen. Sie können es nur dabei begleiten. Mit einem Schutzengel stellen Sie dem Kind einen weiteren wertvollen Begleiter zur Seite.

Kopiervorlage: Ein Schutzengel für dich!

Das wird gebraucht:
Pro Kind:
- 1 runde Holzperle mit Loch (Ø ca. 1,5 cm)
- 1 rechteckige Holzperle mit Loch (ca. 3 cm x 1 cm x 1 cm)
- 2 kleine runde Holzperlen mit Loch (Ø ca. 0,5 cm)
- Wollreste
- 1 Stück Schnur (z. B. Stickgarn, ca. 12 cm)
- 2 kleine Federn
- Schere
- Flüssiger Klebstoff
- Wasserfester Stift

So wird's gemacht:
Geben Sie den Kindern für jeden Arbeitsschritt ein Bild an die Hand. Dann reicht es, wenn Sie den Kindern den Vorgang einmal zeigen und erklären. Trauen Sie den Kindern zu, sich anhand der Bilder selbstständig zurechtzufinden. Kopieren Sie dafür die Bilder. Nun legen Sie diese in der Reihenfolge der Handgriffe auf den Basteltisch. So haben die Kinder eine „lesbare" Anleitung, mit der sie es selbst schaffen können!

Anleitung „Schutzengel"	Bildkarten als Anleitung für die Kinder
1. Das Stück Schnur wird doppelt genommen und mit der geschlossenen Seite erst durch die Öffnung einer kleinen Holzperle gefädelt. Die offenen Enden der Schnur werden verknotet, sodass die Schnur nicht mehr durch das Loch in der Perle rutscht.	
2. Nun werden die rechteckige Perle, die große runde Perle und schließlich die 2. kleine Holzperle aufgefädelt. Nach der letzten kleinen Perle wird wieder ein Knoten in die Schnur gemacht, so dass die Perlen nicht oben über die Schlaufe herausrutschen können. Alle Holzglieder bilden nun den Körper des Engels. Die Schnurschlaufe ist der Anhänger am Kopf.	
3. Wollreste werden bei einer Länge von ca. 2 cm abgeschnitten. Die Wollfäden werden anschließend als Haare auf eine Hälfte der großen Holzkugel geklebt. Die bei den kleinen Federn werden an der Rückseite des Engelkörpers festgeklebt.	
4. Mit einem wasserfesten Stift werden dem Engel am Schluss noch Augen und ein Mund aufgemalt.	

Kandinsky, Picasso und Mondrian – So führen Sie die Kinder in die Welt der abstrakten Malerei ein

Einen ähnlichen Wortwechsel wie den folgenden zwischen Paul und Lena haben Sie sicher auch schon einmal am Maltisch gehört. Paul: „Schau mal, was ich gemalt hab!" Lena: „Ach, das ist ja nur Kritzel-Kratzel!" Ältere Kinder versuchen häufig, mit solchen und ähnlichen Kommentaren zu demonstrieren, dass sie bereits in der Lage sind, Gegenstände zu malen. Dabei durchlaufen alle Kinder die verschiedenen Phasen des Kritzelns innerhalb ihrer Entwicklung und jede Phase ist wichtig und notwendig, um den nächsten Schritt zu tun.

1 Die Kritzelphase legt den Grundstein für späteres gegenständliches Malen

Die Kritzelphase beginnt ca. mit einem Jahr. Diese ersten Bilder sind ohne Inhalt und entstehen unkontrolliert aus Freude an der Bewegung. Ca. ab dem 2. Lebensjahr entdecken die Kinder, dass ein Zusammenhang zwischen ihrer Bewegung und der Spur auf dem Blatt entsteht. Um das 3. Lebensjahr herum wird das Ende der Kritzelphase erreicht. Die Kinder sind dann fähig, eine Linie zu schließen, sie malen überschneidende Linien (Urkreuz) und verteilen ihre Malereien gleichmäßig auf dem Blatt. Dem folgt meist bald der erste Kopffüßler, den Sie als erstes gegenständliches Kunstwerk sicher entsprechend loben.

2 Kinder müssen Malen nicht lernen

Alle Kinder durchlaufen eine individuelle bildnerisch-gestaltende Entwicklung. Sie verweilen einmal länger in einer Phase oder überspringen eine andere. Wichtig ist, dass die Kinder zu jeder Zeit Freude an ihrem künstlerischen Ausdruck haben. Sie können sie dabei ermutigen, indem Sie folgende Grundsätze beachten:

- Üben Sie keinerlei Druck aus, um einzelne Phasen zu beschleunigen, und vermeiden Sie Ratschläge. Das Kritzeln soll nicht beeinflusst oder vorangetrieben werden. Das würde das Kind in seiner Ausdrucksfähigkeit behindern.

- Jedes Kind muss von allein seine individuelle Bildsprache entwickeln. Experimentelles Malen gehört unbedingt dazu.

- Stellen Sie geeignetes Material, z. B. Stifte, Wasserfarben, bunte Papierreste usw., zur Verfügung und bewundern Sie jedes Bild ohne Vorbehalte.

- Machen Sie Malen zum kommunikativen Ereignis. Sprechen Sie mit den Kindern während des Malens und über das Malen, ohne gleichzeitig zu bewerten.

3 Moderne Kunst schafft Akzeptanz für gegenstandsloses Malen

Kinder malen sehr gern in Gesellschaft. Das führt leider dazu, dass sie ihre Werke gegenseitig kritisieren, was nicht selten Tränen zur Folge hat. Helfen Sie dem ab, indem Sie Kinder mit Werken der modernen Kunst, z. B. der abstrakten Malerei, vertraut machen. In der abstrakten Malerei wird nicht die sichtbare Welt abgebildet, sondern die innere Wirklichkeit. Farbe, Struktur und Dynamik eines Bildes stehen im Vordergrund.

Schaffen Sie Berührungspunkte mit modernen Kunstwerken

Berühmte Vertreter der modernen Kunst sind beispielsweise Friedensreich Hundertwasser (1928 bis 2000) und Wassily Kandinsky (1866 bis 1944). Zeigen Sie den Kindern Postkarten oder Abbildungen von Werken der Künstler dieser Kunstrichtungen und erklären Sie, dass „schön" oder „gut" malen nicht gleichzusetzen ist mit dem Malen von Motiven. Betonen Sie, dass Farben, Formen und Bewegungen eines Bildes ebenfalls wichtig sind und durchaus bereits ein eigenes Kunstwerk bilden. Animieren Sie sie zu „moderner Malerei."

Kinder gestalten selbst ein modernes Kunstwerk

Mit folgender Technik werden die Kinder sich sicher auch noch Wochen nach Ihrem Angebot am Maltisch beschäftigen und so auch andere Kinder dazu ermutigen.

Das wird gebraucht:

- möglichst große Kalenderblätter oder Plakat mit weißer Rückseite

- Farben für großflächiges Malen (Plakatfarbe, dicke Wachsstifte, Wasserfarben)

- Pinsel

So wird's gemacht:

Die Kinder versuchen, den Mittelpunkt des Blattes, das sie zur Verfügung haben, zu bestimmen. Dann geben Sie Ihnen eine Vorlage (oder mehrere zur Auswahl), die sie als Mittelpunkt ihres Bildes übernehmen und dann auch in der Mitte ihres Blattes abmalen können. Diese Vorlage könnte beispielsweise eine geometrische Grundform, ein einfaches Haus oder eine Spiralform sein. Dann malen die Kinder in einer beliebigen Farbe zunächst die vorgegebene Form nach und erweitern diese Form dann auf das ganze Blatt. Dies können sie tun, indem sie die Form einfach immer größer werden lassen oder die Form wiederholen. Die Farbwahl stellen Sie den Kindern gänzlich frei. Ermutigen Sie sie, eigene Ideen auszuprobieren sowie großflächig und mit kräftigen Farben zu malen.

Checkliste: So ermutigen Sie die Kinder zu freier, kreativer und gegenstandsloser Malerei

	o. k.?
Stellen Sie den Kindern früh (ab ca. 1 Jahr) geeignete Materialien wie Fingerfarben, dicke Wachsmalstifte oder gefärbten Kleister und ausreichend Papier zur Verfügung, um gestalterisch tätig zu sein.	❏
Schaffen Sie freie Flächen wie Wände oder Stellwände, an denen Sie die ersten künstlerischen Arbeiten der „Kleinsten" auf Augehöhe der Kinder ausstellen können.	❏
Vergleichen Sie die Werke der Kinder nicht miteinander, sondern würdigen Sie jede bildliche Darstellung als individuelle Leistung.	❏
Lassen Sie jedem Kind die Zeit, die es braucht, um zu seiner Darstellungsform zu kommen. D. h., drängen Sie die Kinder nicht dazu, Gegenständliches oder endlich „etwas Richtiges" zu malen.	❏
Stellen Sie immer wieder neues oder unbekanntes Mal- und Zeichenmaterial zur Verfügung, um die Kinder anzuregen und zu motivieren.	❏
Geben Sie den Kindern während des Malens die Möglichkeit, sich zu ihren Bildern zu äußern und darüber zu erzählen.	❏
Bieten Sie den Kindern nicht nur Papier zum Bemalen an, sondern auch andere Materialien wie Äste, Steine oder Papprollen.	❏
Experimentieren Sie auch damit, die Kinder nach Musik malen zu lassen, oder bieten Sie regelmäßig Aktionsmalereien zu bestimmten Themen an.	❏
Machen Sie die Kinder in Ihrer Einrichtung mit Werken von modernen Künstlern oder abstrakten Kunstwerken vertraut.	❏

Checkliste auf CD-ROM

4. Teil: Demokratie leben lernen: Wir bilden eine starke Gemeinschaft

So finden Kinder ihren Platz in der Kita-Gruppe

Bis das Kind in die Kita kommt, hat es bereits einige Erfahrungen in und mit sozialen Gruppen, z. B. Eltern-Kind-Gruppe, Spielgruppe usw., gemacht. Nun muss das Kind sich in einem neuen Umfeld zurechtfinden. Es bekommt eine neue Rolle in der Kindergruppe zugewiesen. Das ist eine große Herausforderung und kann anfangs ziemlich beängstigend für ein Kind sein.

Dazugehörigkeit schafft Sicherheit

An das Kind werden in der Anfangszeit des Kitabesuchs viele neue Erwartungen gestellt, beispielsweise muss es sich für eine bestimmte Zeit von seinen Eltern trennen. Es lernt die Regeln und Rituale, z. B. Essenszeiten, Stuhlkreis oder Freispiel, kennen. Erst nach und nach findet sich das Kind in die neue Gruppe ein.

Wenn das Kind erfährt, dass es dazugehört und einen Platz in der Gruppe hat, wird es sich sicher und wichtig fühlen. Diese Sicherheit ist die Grundlage dafür, dass das Kind sich auch aktiv am Leben in der Kindergruppe beteiligt. Es nimmt mit der Zeit seine individuelle Rolle in der sozialen Gemeinschaft ein und kann dann auch seine Ideen und Wünsche einbringen.

Machen Sie Kinder stark für den Kita-Start

Damit es seinen Platz in der Gruppe finden kann, braucht es Bezugspersonen, die es dabei unterstützen. So können Sie dem Kind helfen, sich in die Gruppe einzufinden:

1 Stellen Sie einen persönlichen Kontakt zu den Kindern her

Schaffen Sie eine Atmosphäre der Geborgenheit. Das gelingt Ihnen, wenn Sie auf das Kind zugehen. Sprechen Sie mit dem Kind ruhig und freundlich. Gehen Sie dabei auf Augenhöhe. So gewinnen Sie gerade in der Eingewöhnungszeit das Vertrauen des Kindes. Achten Sie darauf, das Kind bewusst zu ermutigen, z. B. dazu, andere Kinder anzusprechen oder eine eigene Lösung bei einem Streit zu finden.

Nehmen Sie die positiven Seiten des Kindes wahr und nicht nur die Bereiche, die noch gefördert werden sollten. Trauen Sie ihm etwas zu. Sprechen Sie dem Kind Mut durch Worte und Gesten zu.

2 Schaffen Sie eine ansprechende Raumgestaltung

Gestalten Sie den Raum mit warmen Farbtönen. Dadurch vermittelt der Gruppenraum eine heimelige Atmosphäre für neue und auch für bereits eingewöhnte Kinder. Richten Sie nach und nach Zonen ein, in denen Kinder in der oft recht lauten Kita Ruhe finden. Das kann z. B. eine Leseecke oder ein Kuschelbereich sein.

3 Geben Sie Sicherheit durch Rituale und klare Regeln

Wenn das Kind weiß, was auf es zukommt, kann es sich schneller zurechtfinden. Denken Sie gerade zu Beginn des Kitajahres verstärkt an Begrüßungsrituale, z. B. wenn alle Kinder da sind, trifft sich die Gruppe kurz im Kreis, nimmt sich an den Händen und alle sagen „Guten Morgen". Auch klare und positive Regeln geben Sicherheit. Lieder oder Verse, wie z. B. ein Aufräumlied oder ein Tischgebet, die täglich wiederkehren, helfen Kindern, sich zu orientieren.

4 Beteiligung Sie die Kinder an Aufgaben und Absprachen

Geben Sie den Kindern die Möglichkeit, sich aktiv am Gruppenalltag zu beteiligen. Das gelingt Ihnen durch die Einbindung der Kinder in Aufgaben, beispielsweise die Mithilfe beim Tischdecken oder das Wegbringen von Altpapier. Darüber hinaus bietet ein Mitsprache-Gremium, z. B. der Gruppenrat, (Seite 54) den Kindern die Möglichkeit, ihre Meinung zu sagen.

5 Erstellen Sie visuelle Hinweise für die Gruppenzugehörigkeit

Zeigen Sie den Kindern, dass sie einen Platz in der Gruppe haben. Das lässt sich durch ein Gruppenbild gut realisieren. Gestalten Sie mit den Kindern gemeinsam eine Collage, auf die Fotos oder Selbstportraits aller Kinder aufgeklebt werden. Suchen Sie sich eine ganz besondere Stelle zum Aufhängen für dieses Bild, z. B. an der Wand gegenüber der Gruppenraumtür. So fällt beim Betreten des Raumes gleich der Blick auf die Collage und jedes Kind kann sich im Alltag immer wieder versichern, dass es einen guten Platz in der Gruppe hat.

Sind diese Voraussetzungen erfüllt, kann das Kind ein Gemeinschaftsgefühl entwickeln. Es lernt, dass es eine wichtige Funktion für seine Gruppe hat. Das stärkt sein Selbstbewusstsein. Es erfährt, dass es wertvoll ist. So machen Sie das Kind stark fürs Leben!

Checkliste: So stärken Sie Kinder für den Kita-Start

	o. k.?
1 ▶ Sprechen Sie Kinder direkt an, z. B. bei der Begrüßung am Morgen.	❑
Gehen Sie beim Gespräch mit dem Kind in die Hocke oder setzten Sie sich auf einen Stuhl, um mit dem Kind auf Augenhöhe zu sein.	❑
Sprechen Sie freundlich und deutlich mit dem Kind.	❑
Beobachten Sie die Stärken und positiven Eigenschaften des Kindes und sagen Sie ihm, was Sie beobachtet haben.	❑
2 ▶ Achten Sie auf warme Raumfarben.	❑
Gestalten Sie hohe Räume optisch niedriger, z. B. bei sehr hohen Räumen durch eine Zwischenebene oder durch Tücher.	❑
Schaffen Sie Ruhezonen, z. B. mit Kissen und Büchern.	❑
Achten Sie auf kindgerechte Ordnungssysteme, z. B. Rollcontainer oder bunte Schubläden.	❑
3 ▶ Achten Sie auf ein täglich wiederkehrendes Begrüßungsritual, z. B. Lied oder Reim.	❑
Planen Sie Rituale während des Tages ein, z. B. gleich bleibender Klatschvers zu Beginn des Stuhlkreises.	❑
Leiten Sie neue Phasen im Alltag durch Rituale ein, z. B. durch ein Aufräumlied.	❑
Verabschieden Sie sich von den Kindern täglich z. B. mit einem Spiel oder einem Abzählreim.	❑
4 ▶ Geben Sie den Kindern Aufgaben, teilen Sie z. B. einen „Kehrdienst" für die Papierschnipsel unter dem Basteltisch ein.	❑
Schaffen Sie Mitsprachemöglichkeiten für die Kinder, indem Sie wichtige Entscheidungen, z. B. die Anschaffung eines neuen Spiels, durch eine demokratische Abstimmung festlegen.	❑
5 ▶ Gestalten Sie ein Gemeinschaftsbild von der gesamten Gruppe, auf dem jedes Kind sich wiederfindet.	❑
Markieren Sie individuelle Orte für jedes Kind durch ein Symbol, z. B. ein eigenes Tierbildchen beim Garderobenhaken.	❑

Checkliste auf CD-ROM

Kinder übernehmen Verantwortung durch Patenschaften

Jemandes Pate zu sein ist eine verantwortungsvolle Aufgabe. Der Pate begleitet, unterstützt und führt den anderen in und durch Phasen seines Lebens. Gerade wenn neue Situationen auf ein Kind zukommen, ist ein solcher Begleiter besonders wichtig und stärkend. Natürlich stehen Sie dem Kind beim Kitaeintritt zur Seite. Doch Sie können nicht immer überall sein.

Außerdem braucht die Eingewöhnung in eine neue Umgebung Zeit. Und weil Sie als einzelne Person diese nur in begrenztem Maße zur Verfügung haben, sollten Sie sich bei dieser Aufgabe Unterstützung holen. Gemeinsam mit den schon erfahreneren Kindern Ihrer Einrichtung können Sie die Anforderung, neuen Kindern bei der Eingewöhnung zu helfen, sicherlich gut bewältigen.

Vorteile von Patenschaften

Wenn Sie Patenschaften einführen, unterstützen Sie damit nicht nur die neuen Kinder. Alle Beteiligten können davon profitieren:

- Neue Kinder fühlen sich willkommen, wenn ihnen von Anfang an jemand zur Seite steht. Ältere Kinder können ihre Erfahrungen und ihr Wissen mit den jüngeren teilen. Dadurch können die neuen Kitakinder schneller ihre Angst vor der neuen Situation verlieren.

- Auch Eltern brauchen eine Eingewöhnungszeit. Wenn sie merken, dass es ihrem Kind gut geht und es sich in der Einrichtung wohlfühlt, sind sie bereit, sich auf die Kita einzulassen. Das schafft Vertrauen bei den Eltern und ermöglicht eine gute Zusammenarbeit zwischen Familie und Einrichtung.

- Kinder, die Paten werden, bekommen eine wichtige Rolle. Sie übernehmen Verantwortung und bringen sich durch ihren Einsatz in die Gemeinschaft ein. Das stärkt das Selbstvertrauen der Kinder und fördert die Entwicklung der Selbstständigkeit.

- Natürlich investieren Sie im Vorfeld Zeit und Energie bei der Einführung der Patenschaften. Sie begleiten Paten und Patenkind auch weiterhin. Trotzdem ist es eine Entlastung, nicht ausschließlich für jedes Anliegen sofort zur Verfügung stehen zu müssen. Dadurch gewinnen Sie Zeit, sich immer wieder intensiv um einzelne Kinder zu kümmern.

So führen Sie Patenschaften in Ihrer Einrichtung ein

Um ältere Kinder als Paten für neue Gruppenmitglieder zu gewinnen, sollten Sie die Einführung der Patenschaften behutsam und gut vorbereitet einführen. Folgende Schritte können für Sie dabei hilfreich sein:

- Nehmen Sie sich Zeit, mit den Kindern über Ihre Idee zu sprechen. Überlegen Sie, welche Aufgaben die Paten übernehmen sollten. Sie können sich z. B. verantwortlich erklären, den neuen Kindern am ersten Tag das Zimmer, die Spielsachen usw. zu zeigen. Legen Sie gemeinsam fest, wie Sie vorgehen wollen, z. B. wann den neuen Kindern die Paten vorgestellt werden.

- Entscheiden Sie gemeinsam mit den Kindern, die Paten sein möchten, wer welches Kind begleiten wird. Schaffen Sie Zeichen, die es den Kindern erleichtern, sich Zugehörigkeiten zu merken. Dazu können Sie z. B. 2 gleichfarbige Wäscheklammern oder Buttons dem neuen Kind und seinem Paten anstecken.

- Informieren Sie die neuen Kinder über die Patenschaften, indem Sie ihnen die Paten vorstellen. Erklären Sie kurz, mit welchem Anliegen sie sich an ihre Paten wenden können, beispielsweise wenn sie einen Raum oder ein Spielzeug suchen.

- Führen Sie die Paten durch eine kleine Feier offiziell ein. Treffen Sie sich im Stuhlkreis und stellen Sie in die Mitte Blumen oder eine Kerze. Damit schaffen Sie eine feierliche Atmosphäre. Besonders beeindruckend ist es sowohl für die Paten als auch für die neuen Kinder, wenn sie eine Patenschaftsurkunde **1** überreicht bekommen. Damit heben Sie die Bedeutung dieser Partnerschaften hervor.

- Geben Sie den Eltern der neuen Kinder einen kurzen Einblick in die Idee der Patenschaft, z. B. durch ein Infoschreiben. So fühlen sich die Eltern ernst genommen, weil sie über die Vorgehensweisen in der Kita informiert sind. Außerdem fällt es den Eltern häufig leichter, sich von ihren Kindern zu verabschieden, wenn sie wissen, dass ihre Kinder gut betreut werden.

Mit der Begleitung durch einen Paten werden die Herausforderungen für neue Kinder überschaubar. Wenn Kinder neue Bedingungen, z. B. wo sich die Toilette befindet, kennen und überblicken können, reagieren sie deutlich seltener mit Stressreaktionen wie Weinen oder Rückzug. Mit einem wohlwollenden Paten stärken Sie das neue Kind, damit es diese Situation gut bewältigen kann.

URKUNDE

für

_____Pauline_____
(Name)

Ich bin nicht allein!

Ich habe einen Paten.

Er / Sie heißt _____Julia_____

und ist für mich da.

Ich freue mich, dass mir mein Pate hilft,

▪ wenn ich etwas nicht weiß,

▪ wenn ich traurig bin.

Mit meinem Paten fühle ich mich stark!

Praxishandbuch Kinder stark machen

Jede Stimme zählt! Mit einem Gruppenrat zur Minidemokratie

Jede Stimme zählt! Mit einem Gruppenrat zur Minidemokratie

Es ist ein schönes Gefühl, etwas zu sagen zu haben, ernst genommen zu werden und sich einbringen zu dürfen. Durch die Einführung eines Gruppenrats arbeiten Sie in Ihrer Einrichtung nach dem Prinzip der Partizipation. Dies bedeutet das selbstbestimmte Einbinden von Kindern in Entscheidungen und Absprachen nach einem demokratischen Prinzip.

Wenn Kinder die Gelegenheit bekommen, sich aktiv bei Entscheidungsprozessen einzubringen, erhalten sie dadurch vielfältige Förderung. Zum einen wird durch die Wertschätzung der kindlichen Meinung das Selbstvertrauen des Kindes gestärkt. Es traut sich nach und nach immer mehr zu, seine eigene Position zu vertreten. Außerdem werden alle Fertigkeiten der Kommunikation eingeübt. Kinder lernen, sich auszudrücken, Gedanken zu formulieren und Gesprächsregeln einzuhalten.

■1 So führen Sie einen Gruppenrat ein

Eine gute Möglichkeit, Kinder an Entscheidungen zu beteiligen, ist der so genannte Gruppenrat. Dieser besteht aus jeweils ca. 8 Kindern, die sich etwa 1-mal monatlich treffen, um über verschiedene Themen zu beraten. Bevor Sie sich zum 1. Mal mit den Kindern zu einer Besprechung treffen, sollten Sie folgende Dinge beachten und erledigen:

■ Treffen Sie sich in angenehmer Atmosphäre. So schaffen Sie Wohlbefinden, was die Gesprächsbereitschaft in der Gruppe fördert. Dazu wählen Sie am besten einen Raum, in dem Sie ungestört sind, beispielsweise einen Neben- oder Intensivierungsraum. Achten Sie darauf, dass das Zimmer angenehm warm, aber nicht überhitzt ist.

■ Gestalten Sie vorab ein Gruppenrat-Buch mit den Kindern, in das Sie später gemeinsam Vereinbarungen und Gesprächsergebnisse schreiben und malen können. So geht nichts verloren und Sie können jederzeit nachlesen.

■ Halten Sie ein Symbol für den Redner bereit. Das kann z. B. ein Redestein sein. Wer diesen in der Hand hält, der hat das Wort. So erleichtern Sie den Kindern das Einhalten der Gesprächsregeln, z. B. nacheinander zu sprechen oder andere ausreden zu lassen.

■ Sammeln Sie schon vor dem ersten Treffen des Gruppenrats geeignete Themen, die Sie mit den Kindern besprechen möchten. Achten Sie dabei darauf, dass es vorrangig angenehme oder neutrale Anliegen sein sollten, z. B. „Welchen Namen soll unser Gremium bekommen?"

■2 So gestalten Sie den Ablauf eines Treffens

Nun sind Sie gut vorbereitet für die erste Zusammenkunft des Gruppenrats. Besonders schnell werden die Kinder das Gremium schätzen lernen, wenn es zu einem lieb gewonnenen Ritual wird. Dazu ist es notwendig, dass Sie sich immer an den gewohnten Ablauf halten:

Jede Stimme zählt! Mit einem Gruppenrat zur Minidemokratie

1. Treffen Sie sich mit den Kindern im Kreis. Fordern Sie die Kinder auf, sich gegenseitig als Einstieg eine positive Rückmeldung zu geben. Fragen Sie dazu konkret nach: „Was hat dir heute an Peter besonders gefallen?" oder „Was magst du an Anne?" Beginnen Sie mit einer positiven Aussage, z.b.: „Ich habe mich heute über Eva gefreut, weil sie mir die Tür aufgehalten hat." So nehmen Sie den Kindern die Scheu davor, sich einzubringen.

2. Sammeln Sie mit den Kindern Anliegen, die sie gemeinsam besprechen wollen. Beim ersten Treffen bringen Sie Ihr Thema ein, z. B. einen Namen für den Gruppenrat zu suchen. Später tragen Sie die Ideen der Kinder zusammen und notieren diese in dem vorbereiteten Gruppenrat-Buch.

3. Nun wird über die Themen gesprochen. Helfen Sie den Kindern durch das „Redesymbol", andere ausreden zu lassen. Sie sind dabei das Vorbild für die Kinder, indem Sie das Gespräch wertschätzend moderieren. Halten Sie z. B. Blickkontakt zu dem Kind, das spricht, oder fassen Sie die Aussagen des Kindes zusammen.

4. Stimmen Sie über Ideen und Vorschläge der Kinder gemeinsam ab. Dabei treffen Sie Mehrheitsentscheidungen, z. B. indem Sie per Handzeichen demokratisch die schönste Idee für die Gestaltung der Fenster auswählen.

5. Notieren Sie die Ergebnisse des Treffens im Gruppenrat-Buch. Hier wird auch notiert, wer was bis wann erledigen möchte, z. B.: „Paul pflückt zur Verschönerung der Mitte für das nächste Treffen Blumen." Ideen, die bei diesem Gespräch keinen Platz mehr hatten, werden für das nächste Mal vorgemerkt.

6. Das Treffen des Gruppenrats sollte nicht länger als 30 Minuten dauern, damit sich die Kinder bis zum Ende gut konzentrieren können. Schließen Sie den Gruppenrat mit einer gemeinsamen positiven Aktion ab. Sie können z. B. zusammen ein schönes Spiel spielen, zum Toben nach draußen gehen oder miteinander Kuchen essen.

Checkliste: So bereiten Sie Sitzungen des Gruppenrats vor

	o. k.?
1 ▶ Wählen Sie einen geeigneten Raum, z. B. einen angenehm temperierten Nebenraum.	❏
Bereiten Sie den Raum ansprechend vor, z. B. mit einem Stuhlkreis und einem Blumenstrauß in der Mitte.	❏
Gestalten Sie mit den Kindern ein Blanko-Buch für Notizen über Gesprächsinhalte und Ergebnisse.	❏
Wählen Sie ein Symbol für den Redner aus, z. B. einen Redestein oder einen Stab.	❏
Suchen Sie ein geeignetes Thema für das 1. Treffen, z. B. Namensgebung für das Gremium.	❏
2 ▶ Geben Sie sich gegenseitig ein positives Feedback, z. B. darüber, was Sie bei einem Kind besonders gefreut hat.	❏
Besprechen Sie mit den Kindern, wie man sich in Diskussionen verhält, z. B. dass nicht alle auf einmal sprechen können. Dabei hilft das Redesymbol.	❏
Sammeln Sie gemeinsam Anliegen, worüber Sie reden und entscheiden möchten.	❏
Sprechen Sie mit den Kindern über die gesammelten Themen.	❏
Stimmen Sie über Ideen, Vorschläge oder Lösungsmöglichkeiten ab.	❏
Halten Sie die Ergebnisse der Beratung fest, indem Sie mit den Kindern Vereinbarungen aufschreiben oder aufmalen.	❏
Sorgen Sie für einen schönen Abschluss, z. B. ein Spiel oder Lied.	❏

Checkliste auf CD-ROM

Praxishandbuch Kinder stark machen

Komm pack' mit an! Aufgabenverteilung und Zuständigkeiten in der Kita-Gruppe

Komm pack' mit an! Aufgabenverteilung und Zuständigkeiten in der Kita-Gruppe

Kinder brauchen das Gefühl, wichtig zu sein! Geben Sie Kindern die Möglichkeit, einen Beitrag zum sozialen Gefüge ihrer Gruppe zu leisten. Das gelingt Ihnen, indem Sie Aufgaben im Gruppenalltag an bestimmte Kinder verteilen. Die Arbeiten, die von Kindern übernommen werden, sind wertvoll und hilfreich für die gesamte Gruppe, weil Kinder dadurch ihren Beitrag leisten, dass der Alltag funktioniert. Sie fördern durch die Einbeziehung der Kinder in die täglichen Aufgaben vielfältige soziale und lebenspraktische Fertigkeiten, z. B.:

- Kinder bekommen einen Einblick in notwendige Tätigkeiten des Alltags.

- Kinder lernen, dem abstrakten Wort „Hilfsbereitschaft" eine praktische Bedeutung zu geben.

- Kinder erfahren, dass es ein schönes Gefühl ist, etwas für die Gemeinschaft zu tun, der sie angehören. Das stärkt das Zusammengehörigkeitsgefühl aller Gruppenmitglieder.

- Kinder übernehmen Verantwortung und lernen, sich in andere Kinder und Situationen einzufühlen.

Durch gezielte Aufgabenverteilung unterstützen Sie Kinder also dabei, soziale Verhaltensweisen zu erlernen, die sie stark machen für den Umgang mit anderen und für das Leben in Gemeinschaft.

Schritt für Schritt Mithilfe lernen

Gehen Sie bewusst und gut vorbereitet vor, wenn Sie die Beteiligung der Kinder bei alltäglichen Tätigkeiten planen. Denken Sie daran: Es ist noch kein Meister vom Himmel gefallen. Damit ein gutes Miteinander entstehen kann, brauchen die Kinder Ihre Anleitung und Unterstützung. So können Sie Kinder an ihre Helferrolle heranführen:

- Seien Sie sich bewusst, dass Sie den Kindern ein Vorbild sind. Kinder beobachten Sie genau. Was Sie im Kitaalltag alles erledigen und wie das geht, schauen sich die Kinder immer wieder von Ihnen ab. Überlegen Sie sich, bei welchen Aufgaben Sie die Kinder mit einbeziehen können. Besonders gut geeignet sind Aufgaben, die im Alltag regelmäßig auftauchen und nicht gefährlich sind. Beispielsweise können Kinder sich um die Pflanzen im Zimmer kümmern, das Frühstücksgeschirr abspülen oder Briefe für die Eltern an alle Kinder verteilen. Gehen Sie den Tagesablauf Ihrer Gruppe in Gedanken durch. Sicherlich werden Sie weitere Aufgaben finden, die Sie an Kinder delegieren können.

- Beziehen Sie die Kinder bei der Aufteilung einzelner Aufgaben mit ein. Wenn Kinder ein Mitspracherecht haben, fühlen sie sich ernst genommen. Für die Einteilung der Arbeiten können Sie eine Besprechung im Gruppenrat nutzen. Die Anleitung zur Einführung dieses Mitsprachegremiums finden Sie auf Seite 54.

1 Machen Sie den Kindern ihre Zuständigkeiten deutlich. Dazu können Sie einen Plan erstellen, auf dem jedes Kind selbstständig nachsehen kann, für welche Aufgabe es eingeteilt ist.

Tipp: Meistens schaffen es Kinder im Vorschulalter, ihren geschriebenen Namen zu finden und zu erkennen. Zur Verdeutlichung und für jüngere Kinder ist es sinnvoll, neben den Namen des Kindes noch ein kleines Foto zu kleben. Wenn Sie das Bild laminieren und mit einem doppelseitigen Klebeband auf der Rückseite versehen, können Sie die Fotos immer wieder auswechseln.

■ Zeigen Sie den Kindern die Tätigkeiten. Dazu sollten Sie sich genügend Zeit nehmen. Fragen Sie erst bei den Kindern nach, was sie schon alles über die Aufgabe, z. B. das Blumengießen, wissen. Wie oft muss man das machen? Wie viel Wasser braucht man? Machen Sie die entsprechende Arbeit erst langsam vor. Schließlich kann jedes Kind einmal ausprobieren, wie es geht.

■ Wechseln Sie alle 2 bis 4 Wochen die Zuständigkeiten der Kinder. Damit ermöglichen Sie den Kindern, viele anfallende Aufgaben des Alltags kennen zu lernen. Außerdem wird es den Kindern so nicht langweilig, wenn durch den Wechsel eine neue positive Herausforderung für sie entsteht.

■ Nehmen Sie sich täglich Zeit nachzusehen, ob und wie gut die Aufgaben von den Kindern erledigt wurden. Besonders pflichtbewusste Kinder sollten Sie für ihr Verhalten loben, so erhalten Kinder eine Bestätigung für ihre Arbeit. Wenn Sie merken, dass ein Kind seine Aufgabe nicht oder nicht ausreichend erledigt, bieten Sie Ihre Unterstützung an. Sie sollten dem Kind z. B. die Aufgabe noch einmal erklären oder ein anderes Kind bitten, für einige Tage bei der Aufgabe als Unterstützer mitzuhelfen.

Nun steht einer guten Kooperation aller Gruppenmitglieder nichts mehr im Wege!

Kopiervorlage: Welches Kind übernimmt welche Aufgabe?

Was ist zu tun?	Wer übernimmt diese Aufgabe diesen Monat?
Blumen gießen	Peter
Pausentisch abräumen Max	Lorenz
Geschirr abspülen Tim	Lena Pia
Arbeitsblätter und ähnliches austeilen	Tamara

Kinder ergreifen das Wort: Projektvorstellungen und Elternabende

Wer könnte bei Ihrer nächsten Vernissage oder Projektvorstellung wohl den Eltern die Kunstwerke der Ausstellung erläutern? Die Kinder natürlich! Denn die können das sehr gut. Und nicht nur das! Sie können genauso gut den Eltern naturwissenschaftliche Experimente vorstellen sowie die Begrüßung bei Ihrer nächsten Feier oder sogar bei Ihrem nächsten Elternabend übernehmen.

Damit werden die Kinder zu aktiven Mitgestaltern der Veranstaltungen in Ihrer Einrichtung.

Sie erleben sich dabei als fähig und sind stolz, wenn sie Erwachsenen etwas präsentieren können. Bei Projektvorstellungen vertiefen sie die Erfahrungen, die sie während des Projekts gemacht haben, indem sie diese in Worte fassen. Sie erweitern ihren Sprachschatz und setzten sich noch einmal mit den Inhalten auseinander. Ihr Selbstbewusstsein wird durch die Bewältigung der anspruchsvollen Aufgabe gestärkt.

Sie können zwischen den folgenden 3 Methoden wählen, um die Kinder aktiv zu beteiligen.

1 Methode 1: Das Interview

Diese Methode eignet sich besonders zur Gestaltung von Anlässen, bei denen die Kinder eventuell gar nicht oder nicht alle anwesend sind, z. B. von einem Elternabend. Formulieren Sie einfach einige Fragen zum Thema und interviewen Sie die Kinder dazu. Alles, was gesprochen wird, nehmen Sie mit Hilfe eines Mikrofons z. B. auf einen MP3-Player auf, um es später vorzuspielen. Wenn beispielsweise Ihr Elternabend den neuen Bildungsplan zum Thema hat, fragen Sie einzelne Kinder: „Was meinst du? Was lernst du alles in der Kita?" Oder: „Was würdest du gern in der Kita noch lernen?" Oder: „Was musst du unbedingt können, wenn du in die Schule gehst?"

Das Interview kann, je nach Fragestellung, ein unterhaltsamer Einstieg in das Thema des Abends sein oder eine Feier, z. B. ein Sommerfest, abrunden. Wenn Sie eine Ausstellung mit Musik untermalen, ist es auch möglich, Ausschnitte aus einem Interview oder einfach einzelne Kommentare der Kinder zwischen den Musikstücken abzuspielen.

Das wird gebraucht: 1 MP3-Player mit Aufnahmefunktion, eventuell 1 Mikrofon.

2 Methode 2: Die Live-Vorstellung

Verwenden Sie diese Methode bei jeder Art von Festen, Feiern oder Präsentationen, die mit Kindern und Eltern gemeinsam stattfinden. Besprechen Sie im Vorfeld folgende Fragen mit den teilnehmenden Kindern: Wer möchte etwas sagen? Wer möchte etwas vorführen? Wer traut sich zu, allein zu sprechen? Wer möchte lieber in einer Gruppe etwas

Kinder ergreifen das Wort: Projektvorstellungen und Elternabende

zeigen oder vorstellen? Wenn Sie geklärt haben, welche Aufgabe von wem übernommen wird, sprechen Sie mit den einzelnen Kindern ihre Präsentation oder Ansage durch. Wenn es sich um eine feststehende Begrüßung o. Ä. handelt, formulieren Sie gemeinsam mit dem Kind den Text, z. B.: „Liebe Gäste, wir freuen uns, dass ihr zu unserem Sommerfest gekommen seid!"

Falls einzelne Kinder unsicher sind und Textsicherheit brauchen, schreiben Sie ihnen den formulierten Text auf, geben ihn mit nach Hause und bitten sie, diesen mit den Eltern zu üben. Wenn die Kinder etwas wie ein Bild oder Experiment erläutern sollen, dann sprechen Sie mit dem Kind ihr ausgewähltes Objekt noch einmal genau durch. Gemeinsam suchen Sie dann die wichtigsten Punkte heraus und formulieren sie. Üben Sie die Präsentation mit den Kindern, um ihnen Sicherheit zu geben, z. B. indem Sie die Ausstellung zuerst einmal ihrer Nachbargruppe vorführen.

Das wird gebraucht: eventuell 1 Mikrofon.

3 Methode 3: Info-Plakate

Die Plakat-Methode eignet sich besonders für Ausstellungen, die über mehrere Tage oder Wochen besucht werden können. Auch Präsentationen, z. B. mit Fotos oder Bildern, die sich dem Betrachter nicht von selbst erschließen, können so näher erläutert werden. Besprechen Sie auch bei dieser Methode mit den Kindern, was für sie das Wichtigste bei der Herstellung des Objekts oder im Projekt war. Schreiben Sie dann eine Zusammenstellung von dem, was die Kinder sagen, auf einzelne Plakate zu den Bildern. Finden Sie gemeinsam Überschriften oder Titel zu den Werken. Lassen Sie in kurzen „Blitzlichtrunden" jedes Kind zu jedem Bild etwas sagen, z. B. ein Wort oder Gefühl, und schreiben Sie diese Stichworte auf. Ältere Kinder könnten selbst Plakate oder Teile davon beschriften.

Das wird gebraucht: mehrere große Plakate oder Fotokarton in verschiedenen Farben, Filzstifte.

Tabelle: Welche Methode eignet sich für welche Veranstaltung?

Methoden	Einsatzmöglichkeiten
1 ▶ Das aufgezeichnete Interview	**Elternabend:** Als Einleitung ins Thema des Abends oder als Abschluss bzw. Überleitung zum gemütlichen Teil. Sie können Fragen zum Thema stellen oder die Eltern mit Tonaufnahmen von den Kindern begrüßen oder lustig verabschieden. Z. B. könnten die Kinder alle zusammen laut rufen: *„Wir wünschen euch noch einen tollen Abend und warten zuhause im Bett auf euch!"* **Elternbeiratssitzung:** Ein fröhlicher und motivierender Auftakt für eine Elternbeiratssitzung könnte sein, dass Sie die Kinder der Elternbeiräte zuvor interviewen. Mögliche Fragen wären: *„Was ist eigentlich ein Elternbeirat?"* Oder: *„Was glaubst du, warum deine Mama gern in der Kita mithelfen will?"* Diese Beiträge spielen Sie dann den Elternbeiräten vor. **Präsentation einer Ausstellung:** Platzieren Sie z. B. zwischen den Musikstücken zur Untermalung der Ausstellung einzelne Fragen und Antworten oder Aussprüche der Kinder.
2 ▶ Der Live-Auftritt	**Sommerfest:** ■ Einzelne Kinder können Teile der Begrüßung übernehmen, z. B. nacheinander die Ehrengäste des Festes (Bürgermeister, Nikolaus, …) begrüßen. ■ Die Kinder können sich nach einer Aufführung selbst für die Aufmerksamkeit der Zuschauer bedanken. **Elternnachmittag:** ■ Anhand eines selbst gemalten und geschriebenen Ablaufplans könnten einige Kinder den geplanten Verlauf des Nachmittags erläutern. ■ Die Kinder können die Eltern begrüßen, indem jedes Kind z. B. sagt, auf was es sich beim Elternnachmittag besonders freut. **Präsentation einer Ausstellung oder eines Projekts:** ■ Teilen Sie die Kinder in 2er-Gruppen ein und geben Sie ihnen die Aufgabe, jeweils ein Kunstwerk oder Experiment vorzustellen. ■ Lassen Sie die Kinder Namen zu ihren Werken erfinden und diese vorstellen. ■ Geben Sie mutigen Kindern die Möglichkeit, einen größeren Part zu übernehmen, z. B. ein Experiment zur Veranschaulichung zu erklären und vor allen Anwesenden durchzuführen. Andere erläutern einen Versuch oder benennen ihn lediglich.
3 ▶ Info-Plakate	**Präsentation einer Ausstellung:** Erstellen Sie mit den Kindern zu jedem Kunstwerk ein erläuterndes Plakat. Halten Sie darauf z. B. den Namen des Werks fest und in Stichworten das, was die Kinder angemerkt haben. Die Plakate hängen Sie dann zu den Bildern. **Präsentation von Projekten:** Lassen Sie die Kinder zu den einzelnen Schritten des Projekts Plakate erstellen. Die Kinder könnten dazu in kleinen Gruppen jeweils einen Teil des Projekts beschreiben. Diesen Originalton schreiben Sie auf die Plakate und hängen die Plakate zu den Fotos, Aufbauten oder Ausstellungstischen.

Lerngeschichten aus der Kita zeigen Lösungswege auf

Solche Situationen kennen Sie sicher aus Ihrem Alltag: Ein 6-jähriger Junge sitzt schon lange Zeit in der Bauecke. Er kommt auch auf Ihre freundliche Aufforderung nicht zu Ihnen. Plötzlich beginnt er, hemmungslos zu weinen. Was ist passiert? Der Junge hat in seinem Spieleifer vergessen, zur Toilette zu gehen. Weil er sich schämt und nicht weiß, wie er sich verhalten soll, bleibt er einfach sitzen.

Das Beispiel zeigt, dass selbst Kinder, die bald in die Schule kommen, häufig überfordert sind. Sie sind schnell entmutigt oder verlieren den Überblick, wenn eine Situation nicht wie geplant verläuft.

Für solche Situationen brauchen sie alternative Lösungswege. Diese Lösungswege können Sie den Kindern aufzeigen.

Entwickeln Sie gemeinsam mit den Kindern Lösungswege

Mit passenden Geschichten können Sie mit den Kindern Begebenheiten, die im Kitaalltag problematisch sein könnten, besprechen und mögliche Handlungsalternativen finden.

Erzählen Sie den Kindern eine der folgenden 2 Geschichten. Das Ende jeder Geschichte bleibt offen. Sie besprechen es unter Zuhilfenahme der Kärtchen auf der gegenüberliegenden Seite. Dazu legen Sie die Kärtchen, die der jeweiligen Geschichte zugeordnet, sind offen aus. Ein Kind wählt dann die Kärtchen aus, die einen möglichen Lösungsweg beschreiben. Es erzählt, was auf den Bildern dargestellt ist und was die Personen wohl sagen könnten. Wenn ein Beispiel vorgestellt ist, kann jedes Kind sich dazu äußern.

2 Lerngeschichten aus der Kita

1 Paul und Lena

Paul und Lena gehen beide in die Kita. Sie sind beide 4 Jahre alt und gute Freunde. Sie wohnen sogar nebeneinander im Reihenhaus. Paul besucht Lena oft am Nachmittag zuhause und Lena besucht Paul. Bei Paul daheim ist es immer sehr lustig, weil Paul 3 Geschwister hat. Bei so vielen Kindern ist immer was los. Lena und Paul spielen meistens mit Pauls kleiner Schwester „Babysitten". Dabei fahren sie seine Schwester im Buggy herum und füttern sie mit Joghurt. Das macht viel Spaß.

Bei Lena daheim geht es ein bisschen ruhiger zu, weil Lena keine Geschwister hat. Dafür hat sie aber viele Spielsachen. Natürlich ist das meiste „Mädchenkram", wie Paul im in der Kita immer abfällig sagt. Aber wenn er bei Lena zu Besuch ist, spielt er sogar mit ihrem großen Puppenhaus und den Kuscheltierhasen „Tierarztpraxis".

Heute ist ein besonderer Tag. Lena hat Geburtstag. Morgens hat sie von Mama und Papa eine neue Barbie bekommen, die sie ganz stolz in der Kita herumzeigt. Die anderen Kinder staunen und möchten alle das lange, seidig glänzende Haar der Barbie anfassen – nur Paul nicht. „Mädchenkram", sagt er nur wieder zu seinem Freund Fynn.

Als Lena zum Maltisch geht, lässt sie die Barbie allein in der Buchecke liegen. Paul will sie jetzt auch mal anfassen. Er nimmt sie und schlenkert sie ein bisschen herum. Nur ganz wenig. Aber dann immer mehr. Und schließlich ganz feste. Dabei stößt die Barbie plötzlich gegen das Buchregal und ihr Kopf fällt ab. Oh weh. Schnell schaut Paul sich um. Zum Glück hat ihn keiner beobachtet. Schnell hebt er den Barbiekopf auf. Was soll er jetzt tun?

2 Sarah ist doch schon groß!

Sarah ist 6 Jahre alt und gehört in der Kita zu den Vorschülern. Sie kann besonders schöne Bilder malen und darum fragen die anderen Kinder sie oft, ob sie ihnen ein Herz oder ein Pferd vormalen kann. Das macht Sarah dann natürlich gern. Oft hilft sie auch kleineren Kindern beim Händewaschen. In der Vorschule strengt sie sich immer besonders an und weiß meistens als Erste die Antwort, wenn ihre Erzieherin etwas fragt.

Aber heute ist irgendwie nicht Sarahs Tag. Schon morgens, als sie in die Kita kommt, schlägt ihr ein Kind die Mütze vom Kopf. Und als Sarah dann zum Maltisch gehen will, sind alle Plätze besetzt. Also geht sie zum Bauteppich. Sie setzt sich auf den Boden und baut ein riesengroßes Legohaus mit 2 Stockwerken. Das Haus ist so schön, dass Sarah es auf keinen Fall allein lassen kann. Sie hat Angst, dass ein anderes Kind es ihr kaputt machen könnte. Also bleibt sie auch noch sitzen, als sie merkt, dass sie ziemlich dringend aufs Klo muss. Sie zappelt ein wenig hin und her, um es noch länger auszuhalten. Aber plötzlich ist es zu spät und ihre Hose wird nass. Wenn das jemand sieht, dass sie, die große Sarah, nicht rechtzeitig zur Toilette gegangen ist. Was soll sie jetzt tun?

Kopiervorlage: Lösungsvorschläge für Lerngeschichten aus der Kita

Essen als Gemeinschaftserlebnis: gute Regeln und gelungene Rituale

Die Essens- oder Frühstückssituation in Kitas wird sehr unterschiedlich gestaltet. In vielen Einrichtungen essen alle Kinder gemeinsam. In anderen gibt es Kindercafés. Dort können die Kinder innerhalb einer gewissen Zeit selbstständig essen, wann und mit wem sie möchten. Auch wenn Sie den Kindern diese Möglichkeit geben, ist ein gemeinsames Essen in regelmäßigen Abständen oder an Festtagen sicher ein schönes, gemeinschaftsförderndes Erlebnis für alle Kinder Ihrer Einrichtung.

Ob Sie nun das Kindercafé oder das gemeinsame Essen favorisieren – bei beiden Varianten ist es wichtig, dass die Kinder sich an bestimmte Tischregeln halten, damit das Essen allen schmeckt und eine Unterhaltung bei Tisch möglich ist.

Visualisieren Sie mit den Kindern Tischregeln für die Gruppe

Kinder halten sich in besonderem Maß an Regeln, wenn sie sie selbst mit aufgestellt haben.

Darum sprechen Sie als Erstes mit den Kindern darüber, welche Regeln bei Tisch gelten sollen. Regelvorschläge, die die Kinder nennen, könnten beispielsweise sein: „Nicht rülpsen, nicht schreien, Hände waschen vor dem Essen, …"

Versuchen Sie, die Regeln dann positiv zu formulieren, z. B. „Wir sprechen beim Essen leise mit unseren Nachbarn" statt: „Wir schreien nicht". Stellen Sie nicht zu viele Regeln auf. Es ist besser, die Kinder kennen 4 Regeln genau, als dass sie 8 Regeln nur vage kennen. Sprechen Sie auch darüber, welche Folgen eine Regelverletzung hat. Sie könnten z. B. vereinbaren, dass derjenige, der versehentlich etwas verschüttet, einen Lappen holt und selbstständig aufwischt.

Schreiben Sie die Regeln auf ein Plakat und erfinden Sie mit den Kindern Symbole zu den Regeln. Beispielsweise kann ein durchgestrichener Mund die Regel „Wir sprechen nur mit leerem Mund" symbolisieren. Die Kinder können sich die Bedeutung der Symbole schnell merken und erinnern sich dann an die Regel. Hängen Sie dieses Plakat für alle sichtbar in der Nähe des Tisches auf, sodass Sie und die Kinder auf die Symbole zeigen können, falls sich jemand nicht daran hält.

Schaffen Sie Rituale für eine angenehme Esssituation

Rituale geben den Kindern Sicherheit, weil Kinder wissen, was sie in welcher Situation erwartet. Sie sollten zu jedem Essen als fester Bestandteil dazugehören. Sie können „ihr" Ritual individuell auswählen oder natürlich auch selbst erfinden. Einige Beispiele für Rituale finden Sie auf der folgenden Seite. Sie sind in 3 Gruppen unterschieden:

Essen als Gemeinschaftserlebnis: gute Regeln und gelungene Rituale

1 **Tischgebete:** Vor dem Essen falten die Kinder die Hände oder halten sich an den Händen und beten gemeinsam.

2 **Tischverse:** Anstatt eines Gebets – oder auch nach dem Gebet – halten sich alle Kinder an den Händen und sprechen gemeinsam den Tischvers.

3 **Tischlieder:** Sie sind eine schöne Abwechslung zum gewohnten Gebet oder Tischvers. Singen Sie vor dem Essen oder als gemeinsamen Abschluss.

Eine entspannte Gruppenathmosphäre durch gelungene Übergänge von den Spiel- zu den Essenszeiten

Meist geht es, wenn endlich alle Kinder am Tisch sitzen, sehr laut zu. Es wird geredet, gelacht und gerangelt. Gestalten Sie dann einen spielerischen Übergang zum Gebet, Lied oder Tischvers. Nutzen Sie eine der folgenden 3 Varianten eines solchen Übergangsrituals:

Variante 1: Legen Sie den Zeigefinger an die Lippen und sprechen Sie ein rhythmisches „Pst, pst, pst – pst, pst, pst – pst, pst, pst …" Das tun Sie so lange, bis alle Kinder einstimmen. Dann werden Sie immer leiser, bis kein Ton mehr zu hören ist. Nun falten Sie die Hände zum Beten oder reichen sich die Hände zum Tischvers.

Variante 2: Singen Sie in einer sehr einfachen, selbst erfundenen Melodie, die aus nur 2 Tönen bestehen kann, das, was die Kinder tun sollen. Das könnte z. B. sein: „Alle Kinder beten, alle Kinder beten, …" oder „Jeder hält des Nachbarn Hand, jeder hält des Nachbarn Hand, …" Das tun Sie so lange, bis alle Kinder der Aufforderung gefolgt sind und mitsingen. Dann werden Sie wieder leiser und beginnen Ihr Ritual.

Variante 3: Klatschen Sie einen einfachen Rhythmus so lange, bis alle Kinder mitklatschen. Dann werden Sie leiser, indem Sie nur noch auf den Fingerspitzen klatschen, dann mit 4 Fingern und dann mit 2 Fingern. Automatisch wird es dabei leise und Sie können beginnen.

Tabelle: Tischrituale für gemeinsame Esserlebnisse

Rituale	Vorschläge
1 Tischgebete	1. Jedes Tierlein hat sein Essen, jedes Blümlein trinkt von dir, hast auch unser nicht vergessen, lieber Gott wir danken dir. Amen. *(Überliefert)* 2. Segne, Vater, diese Speise, uns zur Kraft und dir zum Preise. Amen. *(Überliefert)* 3. Alle guten Gaben, alles was wir haben, kommt o Gott von dir, wir danken dir dafür. Amen. *(Überliefert)*
2 Tischverse	1. Mein und dein, mein und dein. Der Tisch ist rein, der Magen leer, brummt wie ein Bär. 2. Alle am Tisch, froh und frisch, stimmen ein, fröhlich soll's sein. 3. Essen macht Spaß, jeder hat was. Löffel und Gabel, auf den Schnabel.
3 Tischlieder	1. Froh zu sein bedarf es wenig und wer froh ist, ist ein König. *(nach August Mühling)* 2. Danket, danket dem Herrn, denn er ist sehr freundlich. Seine Güt' und Wahrheit, währet ewiglich. *(nach Johann Sebastian Bach)*

An diesem Urteil kommt keiner vorbei – Kinder bewerten Spielplätze

Erwachsene ziehen bei Entscheidungen häufig anerkannte Produkttests oder Umfragen zurate. Sie verlassen sich beim Kauf von manchen Dingen auf die Beurteilung anderer. Schließlich gibt es Fachleute, die Produkte testen. So können sie sich dann relativ sicher sein, etwas Gutes und Passendes auszuwählen.

Auch Kinder sind Fachleute. Sie beschäftigen sich täglich mit Sachen, die für sie gebaut, produziert und entwickelt wurden. Sie als Fachkraft wissen aus Erfahrung, dass nicht alles, was in der Werbung als besonders gut für Kinder angepriesen wird, auch bei Kindern Anklang findet. Trauen Sie den Kindern zu, sich ihre eigene Meinung über Kindersachen zu bilden!

Hören Sie sich die Meinung der Kinder an

Indem Sie den Kindern die Möglichkeit geben, ihre eigene Meinung zu bilden und diese auch zu vertreten, stärken Sie Kinder folgendermaßen:

- Kinder brauchen die Gelegenheit, sich über ihre eigene Meinung klar zu werden. Wenn Sie den Kindern Mitsprache ermöglichen, werden diese auch lernen, eine eigene Position zu verschiedenen Themen zu finden.

- Kinder sollen lernen, selbstständig zu sein. Geben Sie ihnen die Gelegenheit dazu, indem Sie die Kinder etwas aus ihrer Sicht bewerten und beurteilen lassen. Kinder können sich so einbringen und die Initiative ergreifen.

- Ein wichtiges Erziehungsziel ist es, Kindern zu helfen, verantwortungsvolle Menschen zu werden. Sie unterstützen Kinder darin, wenn Sie ihnen Verantwortung übertragen. Dürfen Kinder ihre Meinung und ihr Urteil zu einer Sache abgeben, müssen sie das respektvoll und verantwortlich tun. Dabei begleiten Sie die Kinder durch Ihre Gesprächsbereitschaft und Ihr Interesse.

Kinder sind Fachleute für Kindersachen

Kinder haben ihr Fachgebiet, in dem sie sich perfekt auskennen. Sie sind Benutzer von Spielzeug, besuchen Kindertheater oder gehen auf Kinderspielplätze. Nutzen Sie diese Kompetenz der Kinder! Leiten Sie Kinder an, sich über Dinge ihres alltäglichen Lebens Gedanken zu machen. Testen Sie mit den Kindern Einrichtungen oder Dinge, die speziell für sie hergestellt wurden. Beurteilen und bewerten Sie mit den Kindern z. B. einen nahe gelegenen Spielplatz. So können Sie vorgehen:

- Besprechen Sie vorher mit den Kindern, dass Sie ihre persönliche Meinung hören wollen, z. B. zum Spielplatz in der Nachbarschaft. Sammeln Sie mit den Kindern, was

An diesem Urteil kommt keiner vorbei – Kinder bewerten Spielplätze

ihnen an einem Spielplatz wichtig ist. Fragen wie „Was muss ein richtig guter Spielplatz für Geräte haben? Woran erkenne ich, ob das Spielgerät in Ordnung ist?" können Kindern das Zusammentragen der Kriterien erleichtern.

■ Führen Sie eine Bewertungsliste **1** für den Spielplatz ein. Eine Checkliste als Kopiervorlage finden Sie nebenstehend. Gemeinsam mit den Kindern besprechen Sie die Symbole. Ergänzen Sie die Liste mit den Kindern um die Spielgeräte, die auf dem ausgewählten Spielplatz zusätzlich zu finden sind.

■ Planen Sie die Exkursion zum Spielplatz, indem Sie mit den Kindern vorher gemeinsam festlegen, wer sich an der Aktion beteiligt. Denken Sie daran, ausreichend Betreuerinnen mitzunehmen. Bei einer Gruppe von mehr als 4 Kindern bitten Sie eine Kollegin, Sie zu begleiten.

■ Nehmen Sie genügend Bewertungsbögen, Stifte und eventuell Unterlagen mit auf den Spielplatz. Denken Sie auch an Sandspielzeug, damit die Kinder den Sandkasten richtig testen können.

So präsentieren Sie die Ergebnisse der Kinder

Machen Sie Fotos von Ihrem Test, z. B. während die Kinder die Spielgeräte ausgiebig ausprobieren. Damit können Sie später Ihr Ergebnis ansprechend als Aushang gestalten.

Besprechen Sie mit den Kindern anschließend die Ergebnisse. Fragen Sie nach und zeigen Sie Interesse. Kommen Sie am Ende zu einer gemeinsamen Bewertung, indem Sie mit den Kindern alle gesammelten Urteile vergleichen.

Informieren Sie Eltern und eventuell auch die Presse über Ihr Ergebnis. Dazu können Sie einen Aushang im Eingangsbereich Ihrer Einrichtung nutzen. Gemeinsam mit den Kindern können Sie auch einem Journalisten Rede und Antwort stehen. Mit Bildern Ihrer Aktion verdeutlichen Sie Ihre Eindrücke.

Kinder fühlen sich nach so einer Aktion sehr ernst genommen. Das können Sie noch verstärken, indem Sie weitere Einrichtungen nach der vorliegenden Anleitung testen und bewerten. So entsteht z. B. auch ein Vergleich zwischen mehreren Spielplätzen vor Ort. Eltern und Kinder profitieren davon gleichermaßen.

Checkliste für Kinder: Bewertungsbogen für Spielplätze

Spielgeräte	Finde ich toll! :)	Ist nicht so gut! :(
Klettergerüst		
Sandkasten		
Rutsche		
Schaukel		
Wippe		
Tunnel		
Wasserpumpe		

Verlag PRO KiTA

Wir halten zusammen – Spiele, die den Teamgeist der Kinder fördern

Zusammen lässt sich etwas bewegen! Kinder fühlen sich stark, wenn sie etwas gemeinsam machen, lösen oder erledigen dürfen. Gemeinschaft gibt Halt und Sicherheit. Ein Kind, das den ganzen Tag nur mit sich, einem Computer oder dem Fernsehgerät allein wäre, könnte sich nicht gesund entwickeln.

Indem Sie Kinder Erfahrungen in einer Gruppe machen lassen, fördern Sie die Entwicklung sozialer Verhaltensweisen. Natürlich ist es wichtig, dass ein Kind sich selbst schätzen lernt, denn jedes Kind ist schließlich einzigartig. Aber um in einer Gemeinschaft leben zu können, muss ein Kind auch die Fähigkeit haben, sensibel für die Bedürfnisse anderer zu sein.

Testen Sie die Teamfähigkeit der Kinder

Wie ausgeprägt die Teamfähigkeit der einzelnen Kinder in Ihrer Gruppe ist, können Sie durch genaue Beobachtung feststellen. Nebenstehend finden Sie einen Test, der Ihnen hilfreiche Kriterien für Ihre Beobachtungen liefert. Nehmen Sie sich einen Tag Zeit, um einem Kind, auf das Sie sich vorher festgelegt haben, im Alltag zuzusehen. Achten Sie dabei auf folgende Aspekte:

1 **Spielen:** Beobachten Sie das Kind beim Spielen mit anderen oder allein. Mit welchen Kindern spielt es? Wie häufig spielt es mit anderen Kindern?

2 **Sprechen:** Wie spricht das Kind andere Kinder und Erwachsene an? Kann es von sich aus Kontakt aufnehmen?

3 **Streiten:** Was macht das Kind, wenn es zu einem Streit kommt? Versuchen Sie, sich dabei zurückzuhalten und wenn möglich nur zu beobachten. Wie reagiert das Kind bei Meinungsverschiedenheiten, die es selbst mit einem anderen Kind hat? Wie geht es mit Streitigkeiten zwischen anderen Kindern um?

4 **Alltag:** Beobachten Sie das Kind in alltäglichen Situationen. Wie verbringt das Kind seinen Tag? Wie bringt das Kind sich in die Gruppe ein, z. B. durch die Erledigung von Aufgaben oder durch eigene Ideen?

5 **Kritik:** Achten Sie darauf, wie das Kind reagiert, wenn es von anderen Kindern angesprochen wird. Wie kann es z. B. mit Kritik umgehen?

Spiele für ein gutes Kinderteam

Spielerisch gibt es viele konkrete Möglichkeiten, besonders das Zusammenwirken der Kinder im Team zu fördern und Kinder so zu stärken.

Wir halten zusammen – Spiele, die den Teamgeist der Kinder fördern

1. Wir sitzen in einem Boot

Ziel dieses Spiels ist es, dass sich möglichst viele Kinder gut einigen und aufeinander einstellen können. Dazu benötigen Sie einen Stuhl und etwas Platz darum herum. Stellen Sie bis zu 6 Kindern nun die Aufgabe, sich, ohne zu reden, alle auf den Stuhl zu stellen, ohne dass ein Fuß oder Bein am Boden bleibt. Unterstützen Sie als Erzieherin die Kinder, indem Sie, wenn nötig, den Stuhl an der Lehne festhalten, damit er nicht kippen kann. Zur Sicherheit legen Sie am besten eine Turnmatte unter den Stuhl. Nun sind Blickkontakt, eine helfende Hand und Geduld gefragt. Schaffen es die Kinder, alle auf der kleinen Sitzfläche Platz zu finden?

2. 2 Künstler – 1 Bild

Versammeln Sie sich mit einer Gruppe von bis zu 8 Kindern am Maltisch. Für dieses Spiel benötigen Sie ein Blatt Papier für je 2 Kinder und mehrere Stifte. Lassen Sie die Kinder Paare bilden. Immer 2 Kinder teilen sich ein Blatt und beginnen, gemeinsam ein Bild zu malen. Dabei sollten Sie nicht sprechen. Es ist eine echte Herausforderung, andere am eigenen Bild mitmalen zu lassen, sodass aus „mein" „unser" wird. Lassen Sie sich überraschen, was daraus entsteht!

3. Wir fühlen uns verbunden

Bei diesem Spiel werden immer 2 oder mehr Kinder aneinander„geknüpft". Dafür benötigen Sie mehrere Kordeln. Beginnen Sie damit, dass immer 2 Kinder sich nebeneinanderstellen. Das linke Bein des einen Kindes wird mit dem rechten Bein des anderen Kindes durch eine Kordel zusammengebunden. Gehen Sie dabei behutsam vor, damit die Kinder sich nicht eingeengt fühlen. Nun bekommen die beiden eine Aufgabe gestellt. Fordern Sie die Kinder z. B. auf, ein Kissen von einer Seite des Raumes zur anderen zu tragen. Schwieriger wird es, wenn noch ein Kind zu dem Verbund hinzukommt. Gemeinsam gibt es viele Hindernisse zu überwinden!

4. Wir bauen ein Raumschiff

Sammeln Sie mit Hilfe der Eltern große Kartons. Die Verpackung einer Waschmaschine oder eines anderen großen Gerätes eignet sich hervorragend für dieses Spiel. Bitten Sie nun eine Gruppe von 3 bis 5 Kindern, gemeinsam aus dem Karton ein Raumschiff zu bauen. Für die nötigen Werkzeuge sorgen Sie, indem Sie den Kindern Stifte, Farben, Scheren, Stoffreste, Kleber usw. zur Verfügung stellen. Achten Sie darauf, dass die Kinder genügend Zeit für diese Aktion haben. Sie können auch an 2 aufeinanderfolgenden Tagen daran arbeiten. So entsteht ein echtes Teamprojekt!

Test: Wie teamfähig ist das Kind?

Hinweis: Der Test bezieht sich auf Kinder im Alter von 5 bis 6 Jahren. Jüngere Kinder müssen erst ihren Platz in der Gruppe finden und Teamfähigkeit und Kooperation erlernen. Daher brauchen z. B. 3-jährige Kinder noch nicht alle Punkte zu erfüllen.

Name des Kindes: Datum:	ja	nein
Spielt das Kind gern mit anderen Kindern?	❏	❏
Kann das Kind sich auch allein beschäftigen?	❏	❏
Spricht das Kind andere Kinder von sich aus an?	❏	❏
Spricht das Kind Erwachsene von sich aus an?	❏	❏
Hat das Kind Freunde in der Gruppe?	❏	❏
Bemüht sich das Kind um einen guten Kontakt zu anderen Kindern aus der Gruppe?	❏	❏
Versucht das Kind, eigene Streitigkeiten selbst zu lösen?	❏	❏
Unterstützt das Kind andere Kinder, wenn diese Streit haben?	❏	❏
Bringt sich das Kind gern bei Tätigkeiten für die Gruppe ein, wenn man es bittet?	❏	❏
Übernimmt das Kind unaufgefordert Aufgaben für die Gruppe?	❏	❏
Kann das Kind seine Tätigkeiten, z. B. Aufräumen nach einem Spiel, gut organisieren?	❏	❏
Kann das Kind teilen, z. B. sein Pausenbrot oder Spielsachen?	❏	❏
Kann das Kind Kritik an sich selbst annehmen?	❏	❏
Kann das Kind Kritik an anderen angemessen äußern?	❏	❏
Wird das Kind oft von anderen Kindern positiv angesprochen?	❏	❏

Auswertung:

15- bis 12-mal „ja": Das Kind kann sich sehr gut und positiv in die Gemeinschaft einbringen. Seine Teamfähigkeit ist besonders gut ausgeprägt.

11- bis 8-mal „ja": Das Kind kann sich schon gut in die Gruppe einfügen. Unterstützen Sie die weitere Entwicklung durch das Angebot gezielter Spiele und die Einbeziehung des Kindes in Aufgaben des Alltags.

7- bis 4-mal „ja": Das Kind hat noch Schwierigkeiten, einen guten Platz in der Kindergruppe zu finden. Hier sollten Sie intensive Hilfestellung anbieten, indem Sie das Kind bewusst ermutigen, Spiele und Kooperationsangebote vorbereiten und das Kind weiterhin gut beobachten. Suchen Sie auch das Gespräch mit den Eltern des Kindes.

3- bis 0-mal „ja": Das Kind kann sich von selbst noch nicht in die Gruppe einbringen. Es scheint mit seiner neuen Rolle in der Kita noch überfordert zu sein. Bitten Sie die Eltern um Mithilfe, um eventuell medizinische Gründe für diese Schwierigkeiten auszuschließen, und empfehlen Sie ihnen ggf. eine geeignete Beratungsstelle.

Test CD-ROM

5. Teil: Gestärkt und geschützt durch Prävention

Neinsagen erlaubt!

Können Sie gut „Nein" sagen? Viele Menschen haben Schwierigkeiten damit, auch einmal „Nein" zu sagen. In der eigenen Kindheit haben Sie häufig gelernt, „brav" zu sein. Gehorsamkeit galt lange Zeit als oberstes Erziehungsziel. Doch die Zeiten haben sich gewandelt. Durch Technisierung, Teamarbeit usw. ist es wichtig, heute schnell Entscheidungen treffen zu können. Dazu müssen schon Kinder üben, eine eigene Position einzunehmen und sich abzugrenzen.

Kinder sollen lernen, „Nein" zu sagen. Denn wer im richtigen Moment „Nein" sagen kann,

- hat den Mut, Grenzen zu ziehen. Wenn ein Kind seine Bedürfnisse kennt und sich traut, für sie einzustehen, indem es auch mal etwas ablehnt, kann es sich gesund entwickeln;

- lernt, es auszuhalten, nicht immer nur Zustimmung für seine Reaktion zu bekommen. So erfährt ein Kind, dass es die Kraft hat, Konflikte auszutragen und sich mit anderen auseinanderzusetzen;

- widersteht leichter Drogen, Alkohol und anderen Versuchungen. Auch wenn Freunde oder Bekannte z. B. Rauchen cool finden, kann ein starkes Kind hier verzichten. Ein klares „Nein" frühzeitig geübt, unterstützt ein Kind dabei;

- kann sich vor Übergriffen und Missbrauch schützen. Eine Studie des kriminologischen Instituts Hannover von 2003 zeigt, dass Täter Opfer und keine Gegner suchen. Sagt ein Kind frühzeitig „Nein", wird es weniger wahrscheinlich in die Gefahr eines sexuellen oder körperlichen Übergriffs kommen.

So unterstützen Sie Kinder dabei, ein „Nein" zu üben

In Ihrer Arbeit mit Kindern haben Sie verschiedene Möglichkeiten, Kindern zu helfen, ihr „Nein" überhaupt, richtig und angemessen zu sagen. Eine wichtige Voraussetzung, damit Ihnen das gelingt, ist in erster Linie eine tragfähige Beziehung zwischen Ihnen und dem Kind. Lassen Sie dem Kind Zeit, Vertrauen zu fassen. Als gute Bezugsperson können Sie folgende Aktivitäten in der Präventionsarbeit mit Kindern einsetzen:

Wie geht ein großes und kleines „Nein"?

Im Alltag gibt es verschiedene Möglichkeiten, „Nein" zu sagen. Das können die Kinder spielerisch erfahren, indem Sie die Unterschiede dabei, z. B. Lautstärke, Tonlage usw., in einem Spiel testen.

- Treffen Sie sich in einer Runde mit den Kindern. Bereiten Sie vorher bestimmte Aussagen oder Fragen vor, auf die die Kinder mit „Nein" antworten sollen.

- Gestalten Sie eine große Sprechblase, in der ein „NEIN!" steht, und eine kleine Sprechblase mit einem „Nein".

Neinsagen erlaubt!

- Erklären Sie den Kindern, dass Sie sich nun gemeinsam auf die Suche nach dem richtigen „Nein" machen.

- Stellen Sie nun den Kindern Fragen, wie z. B.:
  - „Magst du gerne kalte Füße?"
  - „Isst du gerne Regenwürmer?"
  - „Regnet es heute?"
  - „Scheint heute die Sonne?"
  - „Magst du gerne einen nassen Kuss auf den „Mund bekommen?"
  - „Magst du heute früher ins Bett gehen?"

- Lassen Sie die Kinder auf die jeweilige Frage antworten. Je nachdem, wie groß ihr „Nein" war, halten Sie die entsprechende Sprechblase hoch. Nun können die Kinder nicht nur hören, sondern zusätzlich sehen, ob ihre Reaktion groß oder klein bzw. laut oder leise war.

- Sprechen Sie gemeinsam darüber, ob es das richtige „Nein" war, das die Kinder verwendet haben. Wenn ein anderes angemessener gewesen wäre, suchen Sie gemeinsam nach dem richtigen „Nein". Dafür sprechen Sie mit den Kindern das „Nein" in verschiedenen Tonlagen und Lautstärken. Finden Sie zusammen ein „Nein", das gut auf die Frage passt.

1 „Nein" – gerufen und geklatscht

Führen Sie in Ihrer Gruppe einen Klatschvers zum Thema „Neinsagen" ein. Eine Anregung finden Sie in der nebenstehenden Anleitung mit dem Titel „Ich sage ‚Nein!'" Oft ist es einfacher, etwas auszusprechen, wenn es einen Rhythmus bekommt und die Worte durch Bewegung unterstützt werden. So lernen die Kinder, ihre Scheu zu überwinden und auch Erwachsenen gegenüber ihre Grenzen aufzuzeigen.

Im Alltag sollten Sie darauf achten, dass Sie ein „Nein" von Kindern respektieren, wenn es angemessen und an der richtigen Stelle gesagt wird. Dann ist es eine stärkende Erfahrung für ein Kind, wenn auch der Erwachsene bereit ist, seine Position einmal loszulassen. Klarheit, Fairness und konsequentes Verhalten von Ihnen ermöglichen es dem Kind, Ihr „Nein" leichter zu akzeptieren. So entstehen gegenseitiger Respekt und eine gute Beziehung zwischen Ihnen und dem Kind.

Klatschvers: Ich sage „Nein!"

So wird's gemacht:

Sagen Sie den Vers mit den Kindern in einzelne Silben gegliedert auf.
Zu jeder Silbe klatschen Sie abwechselnd mit beiden Händen auf Ihre Oberschenkel
(KLATSCH) oder in die Hände (klatsch). Es entsteht ein Sprechgesang,
der die Kinder zum Mitmachen motiviert.

Ich	bin	ich.	
KLATSCH	klatsch	KLATSCH	
Und	du	bist	du,
klatsch	KLATSCH	klatsch	KLATSCH
hör	mir	bit-	te
klatsch	KLATSCH	klatsch	KLATSCH
ein-	mal	zu:	
klatsch	KLATSCH	klatsch	
Mag	ich	et-	was
KLATSCH	klatsch	KLATSCH	klatsch
ger-	ne	lei-	den,
KLATSCH	klatsch	KLATSCH	klatsch
kann	ich	mich	für
KLATSCH	klatsch	KLATSCH	klatsch
„JA"	ent-	schei-	den.
KLATSCH	klatsch	KLATSCH	klatsch
Mein	ich	a-	ber:
KLATSCH	klatsch	KLATSCH	klatsch
Lass	das	sein,	
KLATSCH	klatsch	KLATSCH	
sag	ich	laut	und
klatsch	KLATSCH	klatsch	KLATSCH
deut-	lich	„NEIN!"	
klatsch	KLATSCH	klatsch	

Klatschvers CD-ROM

Spiele und Übungen für ein gutes Körpergefühl

Ein gesunder Geist wohnt in einem gesunden Körper. Und in einem gesunden Körper fühlen sich Kinder wohl. Sie kennen ihn und spüren ihn gern. Sie gehen achtsam mit ihm um, erkennen und beachten seine Signale in jeder Lage.

Jedes Mal, wenn sich ein Kind mit seinem Körper beschäftigt, verbessert es sein Gespür für ihn.

Dieses Gespür und ein gutes Körperbewusstsein sind nicht nur Grundlagen für eine ausgereifte Motorik, sondern auch für ein ausgeglichenes Seelenleben der Kinder bzw. eine Einheit von Körper und Seele.

So verhelfen Sie Kindern zu einem guten Körpergefühl

Indem Sie den Kindern regelmäßig Spiele und Übungen anbieten, helfen Sie ihnen, ihren Körper zu spüren und seine Signale bewusst wahrzunehmen. Sie steigern dadurch die Konzentrationsfähigkeit der Kinder und tragen zu deren Entspannung bei. Sie fördern die Körperwahrnehmung und beflügeln die kindliche Fantasie.

Nutzen Sie die folgenden 4 Ideen, anhand deren Sie mit den Kindern ein gutes Körpergefühl einüben können.

Übung 1: Ich hänge am Faden

Diese Übung können Sie vor jedem Sing- oder Spielkreis anbieten. Sie lockert die Muskulatur, hilft den Kindern, bewusst zu atmen und aufrecht zu stehen.

Die Kinder stehen auf. Sie atmen gemeinsam ein, heben die Arme und lassen mit einem geräuschvollen Ausatmen bei geöffnetem Mund den Oberkörper nach vorn fallen. Die Arme hängen dann seitlich locker nach unten, die Schultern bleiben ebenfalls locker. Dann richten sich die Kinder wieder langsam, Wirbel für Wirbel spürend, auf. Dabei lassen sie die Luft einfach wieder in sich einströmen. Auch mehrmaliges Ein- und Ausatmen ist dabei möglich. Sie richten am Schluss den Kopf auf, so dass ein Gefühl entsteht, als würden sie an einem Faden, der am Hinterkopf befestigt ist, nach oben gezogen. Wenn alle Kinder ganz aufrecht stehen, können Sie die Übung wiederholen.

Übung 2: Das bin ich

Diese Übung fördert die Zusammenarbeit und Kommunikation unter den Kindern. Sie nehmen außerdem ihren Körper bewusst wahr und beschäftigen sich positiv mit dem Abbild ihres Körpers.

Jedes Kind benötigt ein großes Plakat oder Papier (unbedruckte Zeitungsrolle), auf das es sich ganz legen kann. Die Kinder bilden zunächst Paare, die sich gegenseitig beim Malen der Körperform behilflich sind. Ein Kind legt sich dazu auf das Papier und sein Partner fährt mit einem Wachs- oder Holzstift um es herum, um seine Körperform abzubilden. Dann wechseln sie die Rollen. Wenn jedes Kind seine Körperform vorliegen hat, bemalen sie die Form nach eigenen Ideen und Wünschen. Sie können ihren Körper mit eigener Haarfarbe, Kleidung etc. abmalen und ausschmücken oder sich selbst mit einem Blumenmuster o. Ä. ausmalen. Die Kunstwerke, die hier entstehen, eignen sich sehr gut, um sie auszuschneiden und an einer Wand zu präsentieren.

Übung 3: Wie viele Finger kann ich spüren?

Dieses Spiel fördert die Körperwahrnehmung und Sensibilität. Es ist etwas Übung nötig, bis die Kinder in der Lage sind, den Druck am Rücken differenziert wahrzunehmen.

Die Kinder bilden Paare. Die beiden Partner setzen sich hintereinander auf den Boden oder eine Matte. Das Kind, das hinten sitzt, gibt nun seinem Partner ein Rätsel auf dessen Rücken auf. Es drückt, mit leichtem, aber deutlichem Druck, eine Anzahl Fingerspitzen (von einer Hand) in den Rücken des Vordermanns.
Das Kind, das vorn sitzt, muss nun erspüren, wie viele Finger Druck ausüben.

Sie können diese Übung variieren, indem Sie einfache geometrische Formen, Ziffern oder Buchstaben mit dem Finger auf den Rücken malen lassen. Nach einigen Versuchen wechseln die Partner die Plätze.

■ Übung 4: Ich spüre die Sonne auf mir

Fürsorgliches Bemühen um andere sowie Sich-selbst-Entspannen und -fallenlassen sind Ziele dieser Partnerübung. Damit die Kinder entspannen können, sollten Sie diese Übung in einem ruhigen Raum mit meditativer Musik durchführen. Die Kinder bilden dazu wieder Paare. Jedes Paar benötigt eine kleine Menge an Muggelsteinen, Glasdekosteinen oder ähnliches Material. Ein Kind eines jeden Paares legt sich auf eine weiche Unterlage und schließt, wenn es möchte, die Augen. Es darf sich entspannen und ruhig ein- und ausatmen. Bevor Sie nun den Text sprechen, bitten Sie die anderen Kinder, jeweils den in der Geschichte angesprochenen Körperteil des am Boden liegenden Partners mit einigen Steinen zu belegen. Am Ende wechseln die Paare die Plätze und Sie wiederholen die Übung mit vertauschten Rollen.

Partnerübung: Ich spüre die Sonne auf mir

Text	Handlungsanweisung
Es ist früh am Morgen. Du bist eben erst aufgewacht, liegst noch ganz schwer, warm und weich in deinem Bett. (Pause) *Da blitzen die ersten Sonnenstrahlen durch dein Fenster. Sie berühren sanft deine Beine.* (Pause) *Deine Beine werden dabei ganz warm.* (Pause)	Die Kinder belegen beide Beine der am Boden liegenden Kinder mit Steinen.
Dann berühren schon die ersten Sonnenstrahlen deine Hände. Du spürst die Wärme der Sonne und öffnest deine Hände. (Pause) *Langsam steigen die hellen Strahlen an deinen Armen hoch, bis zu deinen Schultern.* (Pause) *Deine Arme werden sehr warm und schwer.* (Pause)	Die Kinder legen einen Stein in jede Hand. Die Kinder belegen beide Arme mit Steinen.
Nun berühren die Strahlen deinen Hals und wandern weiter, bis dein ganzer Kopf in der Sonne liegt. (Pause) *Dein Gesicht wird warm und fühlt sich ganz weich an.* (Pause)	Die Kinder legen einen Stein auf den Hals und einen weiteren auf die Stirn.
Nun spürst du auch, wie die Sonne deinen Bauch wärmt. Das fühlt sich an, als ob sie ihre Strahlen von deinem Bauchnabel aus in deinen ganzen Körper schickt. (Pause) *Du hast ein warmes und wohliges Gefühl im Bauch.* (Pause)	Die Kinder legen alle restlichen Steine auf den Bauch.
Dein ganzer Körper ist nun in Sonnenstrahlen eingetaucht. (Pause) *Das fühlt sich überall so schön warm und schwer an.* (Pause) *Fast könntest du wieder einschlafen. Da spürst du, wie dir jemand ganz sanft übers Haar streicht.* *Wach nun auf! Der Tag fängt an! Öffne die Augen!*	Die Kinder streichen ihrem Partner sachte übers Haar.

Tipp: Deuten Sie beim Sprechen des Textes mit Handzeichen an, wohin die Steine gelegt werden sollen, um den Kindern zu helfen.

Gute und schlechte Geheimnisse unterscheiden lernen

Jeder Mensch hat seine Geheimnisse. Auch Kinder haben das Recht auf ihre Geheimnisse. Geheimnisse zu haben hat etwas Magisches. Was wäre beispielsweise der Muttertag, ohne die Geheimniskrämerei der Kinder? Das alles sind gute und schöne Geheimnisse. Im Gegensatz zu erzwungenen Versprechen, über schlimme oder bedenkliche Dinge zu schweigen, sind diese wertvoll und verbindend.

Etwas Eigenes für sich haben

Ein Geheimnis zu hüten bedeutet, etwas für sich zu behalten. Dieses Wissen gehört einer Person ganz allein und sie teilt es nur mit ausgewählten Menschen. Ebenso muss dieser Mensch das Geheimnis dann auch für sich behalten. Darum sind Geheimnisse sehr wichtig und wertvoll für die Entwicklung eines Kindes.

- Geheimnisse regen die Fantasie an. Schließlich ist es nicht immer einfach, sich ein Geheimversteck auszudenken oder zu finden. Kinder sind hier gefordert, sich etwas Gutes einfallen zu lassen.

- Geheimnisse fördern das Sozialverhalten der Kinder. Ein Kind zieht ein anderes ins Vertrauen. Das eingeweihte Kind muss sich bemühen, diesem Vertrauen gerecht zu werden. Das stärkt die gegenseitige Wertschätzung.

- Geheimnisse fördern ein Gemeinschaftsgefühl. Mehrere Kinder, die sich ein Geheimnis teilen, verfolgen ein gemeinsames Ziel. Sie hüten beispielsweise einen Schatz. Das schweißt zusammen und schafft gute Beziehungen.

- Geheimnisse sind nützlich, um sich von Erwachsenen abzugrenzen. Kinder gestalten durch Geheimnisse Aktivitäten, die sie ohne das Wissen der Erwachsenen ausführen. Beispielsweise haben 2 Kinder gemeinsam ein Schokoladenversteck. Sie kümmern sich darum, einen guten Platz dafür zu haben, und achten darauf, dass es nicht entdeckt wird.

Nicht jedes Geheimnis tut Kindern gut

Neben den Geheimnissen, die einen positiven Zauber auf Kinder ausüben, gibt es aber auch schlechte Geheimnisse. Oft sind es Erwachsene, die Kinder durch ein „Geheimnis" zum Schweigen über schlimme Vorfälle verpflichten, z. B. bei körperlichen oder sexuellen Übergriffen. Ein schlechtes Geheimnis entsteht auch, wenn ein Kind über Beobachtungen schweigt, die es belasten und die es nicht einschätzen kann. Beispielsweise kann ein Kind geheim halten, dass es gesehen hat, wie ein großes Kind ein kleineres schlägt. Im Alltag haben Sie verschiedene Möglichkeiten, Kindern zu helfen, zwischen guten und schlechten Geheimnissen zu unterscheiden.

Gute und schlechte Geheimnisse unterscheiden lernen

■ Geschichten über Geheimnisse

Die folgenden Geschichten handeln von verschiedenen Geheimnissen. Erzählen Sie den Kindern Ihrer Kindergruppe die Geschichten oder lesen Sie ihnen diese vor. Nach jeder Geschichte entscheiden Sie gemeinsam, ob es sich hier um ein gutes oder ein schlechtes Geheimnis handelt. Versuchen Sie, mit den Kindern zusammen einen Weg zu finden, wie die Geschichte weitergehen könnte. So lernen die Kinder, dass es verschiedene Geheimnisse gibt. Manche sind schön und können ein Geheimnis bleiben. Bei manchen ist es besser, wenn Kinder einen Erwachsenen einweihen.

Kinder malen Geheimnis-Bilder

Lassen Sie die Kinder verschiedene Geheimnisse malen. Dazu können Sie die nebenstehenden Geschichten als Ausgangspunkt nehmen. „Welches Geheimnis fühlt sich gut an? Wie kann man das malen? Ist es leicht und frei im Bauch? Welches Geheimnis fühlt sich schwer an? Welche Farbe passt zu diesem Gefühl?" Diese Fragen helfen Kindern, ihre Gefühle zu einzelnen Geheimnissen im Bild umzusetzen. So erfahren sie, wie unterschiedlich sich gute und schlechte Geheimnisse anfühlen, und lernen dadurch, leichter zwischen beiden Kategorien zu unterscheiden.

Ein Briefkasten für Geheimnisse

Gestalten Sie einen Schuhkarton ansprechend, indem Sie ihn z. B. mit schönem Papier überziehen. Die Schachtel wird zur „Geheimnis-Box". Bieten Sie den Kindern an, ein Bild von einem Geheimnis zu malen, das sich schwer in ihrem Bauch anfühlt. In diesen „Briefkasten" für Geheimnis-Bilder kann das Kind ein Bild von einem solchen Geheimnis einwerfen. Erst einmal bleibt es so geheim und das Kind hat nicht das Gefühl, ein „Verräter" zu sein. Bieten Sie an, das Geheimnis-Bild zu einem späteren Zeitpunkt gemeinsam aus der Box zu holen und es sich anzusehen. Vielleicht kann Ihnen das Kind dann eine Geschichte zu dem Bild erzählen und sein Geheimnis mit Ihnen teilen.

Vergessen Sie allerdings nicht, dass Sie Kindern grundsätzlich ihre Geheimnisse zugestehen sollten. Gute Geheimnisse bergen einen wunderbaren und entwicklungsfördernden Zauber in sich.

1. Simone und der Frosch

Simone sitzt in ihrem Kinderzimmer auf dem Boden. Immer wieder späht sie dabei zur Ecke hinter der Tür. Dort steht ein Schuhkarton. Aber sonst ist da nichts Spannendes zu sehen. Und es rührt sich auch nichts in der Schachtel. *„Na gut"*, denkt Simone, *„dann werde ich jetzt eine Decke über die Kiste legen"*. Sie steht auf, nimmt ihre Kuscheldecke mit und legt diese über den Schuhkarton bei der Tür. In der Ecke im Kinderzimmer hat Simone nämlich ein Geheimnis! Sie hat heute Nachmittag einen Frosch im Hof gefunden. Als sie ihn mit einem Stöckchen anstubste, bewegte er sich nicht. Er blieb einfach so platt liegen wie zuvor. Obwohl Simone versucht hat, ihn zu operieren, ist er wahrscheinlich tot. Simone wirft noch einen kurzen Blick auf den Frosch und zieht die Decke endgültig über den Karton. Muss Simone das Geheimnis ihren Eltern verraten?

2. Paul auf dem rasenden Roller

Paul fährt mit seinem Roller mutig den Berg hinunter. Er schiebt dabei noch kräftig mit den Füßen an. Seine Haare flattern im Wind, so schnell ist er unterwegs. Er ist beinahe schon unten angelangt, als er über einen großen Stein auf der Straße holpert. Paul hält seinen Lenker gut fest, um nicht umzukippen. Das ist gar nicht einfach. Vor Aufregung pocht Pauls Herz ganz schnell. Er schlingert mit seinem Roller hin und her. Gott sei Dank wird er langsamer und kann seine Lenkstange wieder gerade halten. Doch als er beinahe zum Stehen kommt, ist plötzlich ein Auto neben ihm. Es parkt sicherlich schon die ganze Zeit dort, aber Paul hat es vor Aufregung nicht bemerkt. Da ist es schon passiert: Paul kratzt mit seinem Lenker an der Seite des Autos entlang. Endlich kann er richtig bremsen. Als er sich umsieht, erkennt er, dass ein langer Kratzer an der Seite des Autos zu sehen ist. Den hat er mit seinem Lenkrad gemacht. Paul überlegt, dass das vielleicht besser sein Geheimnis bleiben sollte. Was denkst du?

3. Der Mann am Gartenzaun

Die Kitagruppe spielt im Garten. Helena steht am Zaun der Kita und schaut auf die Straße. Das macht sie öfter, denn sie findet es spannend, so viele Autos zu beobachten. Ein roter Laster fährt gerade vorbei. Dann ein blaues Cabrio. Helena staunt. *„Hallo! Was machst du den da?"*, fragt plötzlich eine Stimme neben ihr. Ein Mann steht auf der anderen Seite des Zaunes außerhalb der Kita. Er sieht Helena an. *„Autos beobachten"*, erklärt ihm Helena. *„Aha"*, sagt der Mann. Dann sieht er Helena lange an. Das fühlt sich ganz komisch in Helenas Bauch an. Sie will sich schon umdrehen und weglaufen. *„Halt, bleib doch stehen"*, sagt der Mann. Er fasst mit seiner Hand in Helenas Haare und wuschelt sie durcheinander. Das mag Helena nicht. Sie dreht den Kopf weg. *„Ich habe viele kleine Spielzeugautos zu Hause. Möchtest du die mal anschauen?"*, fragt der Mann. *„Das wäre dann unser Geheimnis."* Helena schüttelt den Kopf und rennt weg. So ein Geheimnis fühlt sich gar nicht schön an. Sie schaut sich nach ihrer Erzieherin um. Soll sie ihr das Geheimnis verraten?

4. Mesut malt ein Geheimnis

Max hat noch viel zu tun. Er taucht den Pinsel in den Becher mit Wasser. Dann rührt er damit im Malkasten herum. Endlich ist genug Farbe am Pinsel und er kann damit seine Sonne fertig malen. Da hört er Schritte auf der Treppe. Schnell lässt er den Pinsel fallen und räumt das Blatt Papier, das vor ihm liegt, unter sein Bett. Dann lehnt er sich gegen die Tür seines Kinderzimmers. Schon will Mama von draußen die Klinke herunterdrücken. *„Nein, Mama, nicht rein kommen!"*, ruft Mesut. *„Nanu, warum denn nicht?"*, will Mama wissen. *„Hast du etwa ein Geheimnis vor mir?"* Ja, das hat Mesut. Morgen ist nämlich Mamas Geburtstag. Er will ihr gerne ein Wasserfarbenbild schenken. Soll Mesut seiner Mama das Geheimnis verraten?

Gut gewappnet für den „Ernst des Lebens" – bestärkt von der Kita in die Grundschule

Vorschulkinder, die bald zu Grundschülern werden, haben eine große Umstellung vor sich. Diese Zeit ist für sie einerseits erfüllt von Vorfreude, andererseits aber vielleicht auch mit Unsicherheit oder gar Angst belegt. Die Kinder brauchen in der noch schützenden Umgebung der Kita viele Erlebnisse, bei denen sie sich fähig und stark erleben. Das macht ihnen Mut für den neuen Weg in die Schule.

Mit einer Anleihe aus dem Mittelalter können Sie die Kinder stärken.

Die Zeit der Ritter und Burgfräulein spricht alle Kinder an. Jungen und Mädchen lieben es, in Rollenspielen nachzuempfinden, wie stark sich so ein echter Ritter mit Schild und Schwert gefühlt haben muss, oder wie gut es war, von solchen Rittern beschützt zu werden.

Ein Schutzschild macht stark

Wäre es nicht wünschenswert, dass all Ihre Vorschüler mit solch einem starken Gefühl von „Schutzgeben" und „Beschütztwerden" in die Schule gehen könnten? Dann basteln Sie mit den Kindern ein individuelles Schutzschild, das mit den Initialen der Familie und einem Wappentier verziert ist. Es signalisiert seinem Träger: Ich bin stark! Ich bin gut geschützt! Wie das geht, entnehmen Sie einfach der folgenden Schritt-für-Schritt-Anleitung.

Sie brauchen pro Schild:

- 1 großes Stück stabiler, rechteckiger Pappe (Größe ca. 30 cm x 40 cm). Große Stücke Pappkarton erhalten Sie aus Verpackungen von Möbelhäusern oder Druckereien
- 1 Pappstreifen (Größe ca. 15 cm x 3 cm)
- Schere
- Plakatfarbe
- Pinsel
- Bleistifte
- Korken
- Heißklebepistole

Schritt 1: Gespräch über Schilde und Wappen

Sprechen Sie mit den Kindern über die Bedeutung eines Schildes im Mittelalter, z. B.: „Es symbolisierte die Zugehörigkeit zu einer bestimmten Gruppe von Menschen. Es bot Schutz im Kampf, es diente zur Abschreckung von Feinden ..." Erklären Sie, dass der Schild, den die Kinder nun basteln, mit einem selbst gewählten Wappentier verziert werden soll. Im Wappen können alle Tiere, sogar Fabelwesen wie ein Einhorn, verwendet werden. Bekannte Wappentiere sind z. B. der Löwe, der Bär oder der Drache, aber auch Tiere mit Flügeln oder Fischschwänzen waren gebräuchlich. Die Kinder sollen überlegen, welches starke Tier sie auf ihren Schild malen möchten.

Schritt 2: Zuschneiden und Grundieren des Schildes

Die Kinder schneiden ihren Schild zurecht, indem sie das rechteckige Stück Pappe an den Ecken schräg abschneiden, so dass eine Art Achteck entsteht. Wenn die Pappe zu stark ist, um sie mit der Schere zu schneiden, verwenden Sie einfach kleine Handsägen. Dann grundieren Sie den Schild mit einer dünnen Schicht (schnell trocknend) grauer Farbe.

Schritt 3: Bemalen des Schildes

Nun können Sie mit den Korken ein Muster rund um den Schild stempeln. In dieser Zeit trocknet die Grundierung ab und die Kinder können ihr gewähltes Wappentier mit Bleistift auf dem Schild vormalen. Um den Schild noch persönlicher zu gestalten, können die Kinder ihre Initialen in diesen mit hineinmalen. Dann malen die Kinder ihren Schild mit den Plakatfarben an und lassen ihn anschließend gut trocknen.

Schritt 4: Befestigen des Haltegriffs

Mit Ihrer Hilfe befestigen die Kinder dann den Pappstreifen mit Heißkleber als Haltegriff an der Rückseite des Schildes.

Derart gut geschützt können sie nun im Ritterturnier gegeneinander antreten.

■ Veranstalten Sie ein Ritterturnier

Erklären Sie den Kindern, dass Ritter in sportlichen Wettkämpfen, so genannten Ritterturnieren, gegeneinander angetreten sind. Das Wort Turnier leitet sich ab aus dem mittelhochdeutschen Wort für Kampfspiel. Begonnen als Kampfspiele wurden die Ritterturniere aber nach und nach nur noch zur Schau fürs Volk durchgeführt.

Wenn die Kinder ihre Schutzschilde gebastelt haben, können Sie mit ihnen ein kleines „Schau-Ritterturnier" veranstalten. Alles, was Sie dazu, außer den Schutzschilden, noch brauchen, ist ein Kissen (ersatzweise auch ein Handtuch) oder eine Schwimmnudel für jeden Ritter. Gut ausgerüstet müssen die Ritter nun einige Geschicklichkeitsübungen durchführen, wie z. B. balancieren und sich miteinander messen.

Tabelle: Ritterspiele für geschickte Ritter und Burgfräulein

Übung und Zubehör	Handlungsanweisung
Übung 1: Balanceakt auf der Schwimmnudel	Die Kinder müssen ihren Schild in einer Hand halten und gleichzeitig auf ihrer Schwimmnudel entlang balancieren. Wer schafft es auch rückwärts?
Übung 2: Balanceakt auf dem Kissen	Die Kinder sollen ihren Schild in der Hand halten und auf dem Kissen auf einem Bein stehen. Dabei darf das andere Bein nicht nach hinten, sondern nach vorn und oben angehoben werden (ähnlich einem Storch). Dann wird das Standbein gewechselt. Wer es am längsten aushält, ohne umzukippen, hat gewonnen.
Übung 3: Fangspiel mit Schutzschild und Schwimmnudel oder Kissen	Die Kinder bilden wieder 2er-Gruppen. Ein Kind (Ritter) hält seinen Schutzschild. Es soll das andere Kind (Burgfräulein) beschützen, das „unbewaffnet" ist. Ein Kind ist Fänger. Der Fänger hat ein Kissen oder eine Schwimmnudel. Er muss versuchen, ein Burgfräulein abzuschlagen, das von einem Ritter mit dem Schild verteidigt wird. Ist ein Burgfräulein abgeschlagen, erhält es die Nudel oder das Kissen und wird zum Fänger. Der Fänger wird zum Burgfräulein. Eine wichtige Regel gilt: Abgeschlagen wird nur sachte unterhalb des Bauches.
Übung 4: Hahnenkampf mit Schwimmnudel oder Kissen	2 Kinder treten gegeneinander im Wettstreit an. Sie balancieren beide quer auf einer Schwimmnudel. Zum Schutz haben sie ihren Schild in der Hand. Sie versuchen, mit einem Kissen in der anderen Hand ihr Gegenüber aus der Balance zu bringen. Wer zuerst herunterfällt, hat verloren. Es gilt wieder die Regel: Abgeschlagen wird nur sachte unterhalb des Bauches.

Sicher im Straßenverkehr

Verkehrserziehung beginnt nicht erst dann, wenn die Kinder allein zur Schule gehen. Bereits lange Zeit vorher sind sie Verkehrsteilnehmer. Sie werden täglich in Kindersitzen im Auto, auf dem Fahrrad oder im Fahrradanhänger zu Ihnen in die Einrichtung transportiert. Und bereits als passive Teilnehmer am Straßenverkehr nehmen die Kinder wahr, wie sich die begleitenden Erwachsenen verhalten, und lernen somit schon früh am Vorbild, was es im Straßenverkehr zu beachten gilt.

Die Kinder fahren aber auch bereits selbst mit Fahrgeräten, die hohe Geschwindigkeiten erreichen können, wie Bobby Car, Laufrad, Roller oder Inlineskates. Und natürlich bewegen sie sich tagtäglich als Fußgänger auf der Straße. Darum sollte Verkehrserziehung bereits im Kleinkindalter einen hohen Stellenwert haben.

So üben Sie schwierige Verkehrssituationen mit den Kindern

Trainieren Sie beispielsweise mit den Kindern das Überqueren befahrener Straßen oder von Zebrastreifen, um den kleinsten Verkehrsteilnehmern größtmögliche Sicherheit zu geben. Die 3 folgenden Spielideen dienen Ihnen dazu als Anleitung:

1. Malen Sie auf einem befestigten Platz, wie z. B.
    der Fahrfläche oder im Hof Ihrer Einrichtung, mit Malkreide Straßen, dazugehörige Gehwege, Zebrastreifen, Ampeln, Kreuzungen o. Ä. auf. Versuchen Sie, einige der Dinge einzubauen, die den Kindern rund um Ihre Einrichtung begegnen. Spielen Sie nun mit mehreren Kindern unterschiedliche Verkehrssituationen durch. Einige Kinder können mit Fahrgeräten Auto- oder Radfahrer spielen. Andere Kinder spielen Fußgänger, die einen vorgegebenen Weg zurücklegen müssen. Sie könnten die Rolle des Verkehrspolizisten einnehmen, der den Kindern das richtige Verhalten erklärt. Nach einigem Üben kann ein Kind diese Rolle übernehmen.

2. Begeben Sie sich mit einer kleinen Gruppe Kinder in den realen Straßenverkehr. Nehmen Sie z. B. den Nachhauseweg eines Kindes oder mehrerer Kinder zum Anlass und üben Sie an dessen Herausforderungen das richtige Verhalten im Straßenverkehr.

3. Basteln Sie mit den Kindern eine vereinfachte Version des Stadtplans ihres Wohnortes oder Stadtviertels. Zeichnen Sie die Straßen und Wohnorte der Kinder und Ihre Einrichtung ein. Besprechen Sie mit den Kindern schwierige Verkehrssituationen und markieren Sie sie gemeinsam. Wenn möglich, gehen Sie mit den Kindern einige der Wege anschließend ab.

Für alle 3 Spielideen können Sie vorher mit den Kindern eigene kleine „Verkehrsschilder" basteln, die ihr richtiges Verhalten im Straßenverkehr bildlich darstellen. Bringen Sie diese Bilder zur Verdeutlichung an den entsprechenden Stellen auf der Straße oder im Plan an. Auch wenn die Schilder nicht lange hängen bleiben, werden die Kinder sich an das Bild und die Schilderaktion erinnern.

Verkehrserziehung bedeutet mehr, als sicher die Straße zu überqueren

Es ist wichtig, bereits Kinder im Kitaalter zu achtsamen Verkehrsteilnehmern zu erziehen, denn sie sind wegen ihrer geringen Körpergröße besonders gefährdet. Machen Sie den Kindern folgende „5 S-Punkte" deutlich:

1 **Sicher:** Kinder müssen sehr vorsichtig sein und gut auf sich selbst aufpassen, z. B. mit zusätzlichem Handzeichen am Zebrastreifen, da andere, auch Erwachsene, im Straßenverkehr Fehler machen oder manchmal nicht aufpassen.

2 **Sicht:** Kinder werden leicht übersehen. Sie müssen sich deshalb besonders gut bemerkbar machen, z. B. mit einem Wimpel am Fahrrad oder reflektierender Kleidung.

3 **Schutz:** Kinder mit Fahrgeräten müssen sich schützen, z. B. beim Radfahren mit einem Helm.

4 **Sozial:** Kinder sollen sich freundlich zu anderen Verkehrsteilnehmern verhalten, z. B. könnten sie anderen die Vorfahrt lassen, um Unfälle zu vermeiden.

5 **Sauber:** Kinder sollen sich umweltfreundlich verhalten. Sie werfen z. B. keinen Müll auf die Straße.

Mit einem lustigen Verkehrsquiz, wie Sie es auf der folgenden Seite sehen, können Sie die Kinder spielerisch für das Thema „Verkehrserziehung" und die wichtigen „S-Punkte" begeistern. Es beschreibt einige der gängigen Situationen rund um den Straßenverkehr und gibt Fragestellungen zu den jeweiligen Themenbereichen der „5 S-Punkte" auf.

Verkehrsquiz: „1 oder 2?"

Als Spielfläche eignet sich besonders ein befestigter Platz im Freien, den Sie mit Kreide beschriften können. Markieren Sie am Boden 2 nebeneinanderliegende Felder und beschriften Sie diese mit den Ziffern 1 und 2. Die Kinder versammeln sich vor den Feldern und müssen sich nach der Frage, die Sie stellen, für eine der beiden Antworten entscheiden. Die Kinder haben Bedenkzeit, während Sie laut rufen: „1 oder 2, mit der richtigen Antwort bist du dabei!" Dann müssen sie sich entscheiden und in eines der Felder hüpfen. Wer die richtige Antwort gewusst hat, erhält einen Punkt oder Kreidestrich. Gewonnen hat das Kind mit den meisten Punkten. Die richtige Antwort ist in der Tabelle jeweils unterstrichen.

Tabelle: Fragen zum Verkehrsquiz

Frage	Mögliche Antworten (richtige Antwort unterstrichen)
„Wenn du über eine Ampel gehen willst, die bereits Grün zeigt, dann …"	1. „… läufst du so schnell wie möglich noch darüber." 2. „… schaust du trotzdem nach links und rechts und vergewisserst dich, dass kein Auto kommt."
„Wenn du über einen Zebrastreifen gehen möchtest, dann …"	1. „… kannst du einfach loslaufen, weil am Zebrastreifen alle Autos halten müssen." 2. „… musst du nach links und rechts schauen und zusätzlich dem Autofahrer winken und deutlich zeigen, dass du über den Zebrastreifen gehen willst."
„Im Winter, bei Dunkelheit oder Nebel ist es auf der Straße besonders wichtig …"	1. „… dass du helle Kleider, reflektierende Leuchtstreifen oder reflektierende Anhänger trägst, damit dich die anderen auf der Straße gut sehen." 2. „… dass du dunkle unauffällige Kleidung trägst, um nicht aufzufallen und zwischen den Autos durchhuschen zu können."
„Dein Fahrrad oder Roller braucht …"	1. „… einen Wimpel oder ein Fähnchen mit langer Stange, damit du gut zwischen den Autos zu sehen bist." 2. „… einen Korb, damit dein Kuscheltier mitfahren kann."
„Einen Helm brauchst du …"	1. „… nur bei sehr langen Radtouren." 2. „… immer wenn du mit deinem Fahrrad oder Laufrad unterwegs bist."
„Wenn du Inlineskates fährst, brauchst du …"	1. „… einen Helm und Ellbogen-, Knie- und Handgelenkschoner." 2. „… einen Helm und Handschuhe."
„Wenn du mit einem Freund auf dem Gehweg an einer befahrenen Straße läufst, dann …"	1. „… ist ein guter Zeitpunkt, um ein wenig mit ihm zu raufen und zu schubsen." 2. „… streitest und rangelst du nicht, damit ihr nicht vom Gehweg auf die Straße kommt."
„Wenn du mit dem Fahrrad unterwegs bist und dir kommt ein anderes Fahrrad entgegen, dann …"	1. „… fährst du langsam und hältst, wenn nötig, an, um den anderen vorbeizulassen." 2. „… fährst du ganz schnell, um flott an ihm vorbeizukommen."
„Wenn du deinen Kaugummi nicht mehr magst, dann …"	1. „… kannst du ihn ruhig einfach auf der Straße ausspucken." 2. „… musst du einen Mülleimer suchen oder ihn in ein Papier wickeln und zu Hause wegwerfen."
„Wenn du am Straßenrand schöne Blumen siehst, dann …"	1. „… kannst du sie anschauen, musst sie aber dort stehen lassen, damit andere sich auch noch daran freuen." 2. „… pflückst du schnell einen schönen Blumenstrauß für deine Mama."

6. Teil: Bewegung und Spiele für fitte und glückliche Kinder

Praxishandbuch Kinder stark machen

„Bewegte" Kinder sind glückliche Kinder! Bewegungsspiele in der Kita

„Bewegte" Kinder sind glückliche Kinder! Bewegungsspiele in der Kita

„Ich kann das schon ganz alleine!" – Stolz präsentieren Kinder alles, was sie neu dazugelernt haben. Gerade im motorischen Bereich lernen gesunde Kinder im Vorschulalter ständig Neues. Dabei ist jede neue Fähigkeit oder Kenntnis wichtig für ein später selbstständiges Leben.

Regen Sie Kinder dazu an, sich zu bewegen. Damit unterstützen Sie sie nämlich nicht nur dabei, eine gesunde und gut entwickelte Muskulatur aufzubauen. Sie fördern damit das Kind in verschiedenen Bereichen:

- Bewegliche Kinder trauen sich mehr zu! Wenn ein Kind weiß, dass es balancieren kann, wird es sich auch trauen, einen Bach über einen schmalen Steg zu überqueren.

- Kinder, die ihren Körper bewegen, lernen ihn kennen. Sie wissen, dass sie z. B. durch schnelles Laufen außer Atem kommen. Sie wissen aber auch, dass es sich gut anfühlt, wenn man aus eigener Kraft die Sprossenwand hochgeklettert ist.

- Kinder in Bewegung schärfen ihre Wahrnehmung. Hat ein Kind es z. B. geschafft, eine Leiter hochzusteigen, kann es die Welt von oben betrachten. Auch während des schnellen Laufens sieht die Umgebung ganz anders aus.

Nutzen Sie verschiedene Möglichkeiten, um Kinder in Bewegung zu bringen. Im Folgenden finden Sie 4 Vorschläge dazu.

1. Lassen Sie Kinder verschiedene Materialien ausprobieren

Richten Sie in Ihrer Kita einen festen Bewegungsbereich ein. Gut geeignet dafür ist z. B. ein offen zugänglicher Gymnastikraum. Dort finden große Schaumstoff-Bausteine, Reifen, Seile, Stelzen usw. einen Platz. Damit regen Sie Kinder zum freien Bewegungsspiel mit unterschiedlichen Materialien an. Unterstützen Sie den Erfindungsreichtum der Kinder. Wollen Kinder z. B. Materialien wie Zeitungen oder Kartons mit zum Bewegungsbereich nehmen, lassen Sie das gerne zu. Es zeugt von Fantasie und Bewegungslust der Kinder.

2. Fördern Sie das Ballgefühl der Kinder

Halten Sie verschiedene Bälle für die Kinder bereit. Für die Kleinsten eignen sich Schaumstoffbälle gut, weil sie leicht zu greifen sind. Ältere Kinder können die Aufgaben schon mit einem Gummiball lösen. Eine besondere Herausforderung stellen feste Lederbälle dar. Mit diesem vielfältigen Angebot haben die Kinder auch die Möglichkeit, sich nach ihren persönlichen Fähigkeiten einen passenden Ball auszuwählen. Nachdem sich die Kinder durch Werfen und Fangen mit ihrem Ball vertraut gemacht haben, können Sie mit ihnen verschiedene Geschicklichkeitsspiele mit Bällen ausprobieren. Versuchen Sie z. B., eine „Zahlen-

Praxishandbuch Kinder stark machen

„Bewegte" Kinder sind glückliche Kinder! Bewegungsspiele in der Kita

geschichte" zu spielen. Die Kinder versuchen, mit ihren Bällen die vorgegebene Zahl darzustellen. Eine 1 ist z. B., den Ball 1-mal hochzuwerfen. Die 8 kann z. B. auf dem Boden zwischen gegrätschten Beinen gerollt werden.

3. Unterstützen Sie Kinder darin, in Balance zu bleiben

Stellen Sie für die Kinder verschiedene Balancier-Möglichkeiten bereit. Die einfachste Variante ist ein Seil, das auf dem Boden liegt. Eine Langbank zum Darübergehen ist schon etwas schwieriger. Für die ganz Mutigen können Sie die Langbank auf 2 Holzkisten, z. B. den obersten 3 Teilen eines Kastens, stellen. Hier balancieren die Kinder nun hoch oben. Halten Sie dazu kleine Schirme bereit und machen Sie eine Zirkusnummer daraus. Dazu spannen die Kinder ihre Schirme auf und gehen als kleine Seiltänzer zu klassischer Musik oder Trommelwirbel über die Langbank.

4. Geben Sie Kindern die Möglichkeit „hoch hinaus" zu kommen

Erzählen Sie den Kindern eine Bewegungsgeschichte. Dazu eignet sich besonders eine Abenteuergeschichte, z. B. die Wanderung durch einen Dschungel. Gemeinsam mit den Kindern können Sie sich überlegen, welche Abenteuer sie zu bestehen haben. Der Höhepunkt der Geschichte stellt die schwierige Besteigung einer hohen Felswand dar. Sorgen Sie wieder für verschiedene Schwierigkeitsstufen. Lassen Sie die Kinder z. B. auf dem Spielplatz zwischen einem Kletternetz für etwas unsichere, einer Leiter oder einem baumelnden Seil für sehr geschickte Kinder wählen.

1 Denken Sie daran, Fortschritte anzuerkennen

Lob und Ermutigung stärken Kinder in allen Lebenslagen. Anregungen dazu finden Sie in diesem Praxishandbuch (Seite 48 und 51). Auch im motorischen Bereich ist es wichtig, Fortschritte wahrzunehmen und zu benennen. Eine Möglichkeit, die Leistungen der Kinder hervorzuheben, ist z. B. die Verleihung einer Urkunde. Auf dieser finden die Kinder alles, was sie schon können.

URKUNDE

für

Maria

(Name)

Du bist topfit und wieselflink!

Bei unseren Bewegungsspielen hast du schon
viel gekonnt! Du kannst:

■ Den Ball werfen und fangen

■ Über ein Seil balancieren

■ Eine Leiter hochklettern

■ In der Bewegungsecke auf Stelzen laufen

Hurra! Bleib weiter in Bewegung!

Wir freuen uns! Deine

Barbara von der Käfergruppe

Kopiervorlage CD-ROM

Über Tisch und Stühle – die etwas andere Kita-Turnstunde

Sicherlich kennen Sie Pippi Langstrumpf. Haben Sie als Kind auch gestaunt, was die alles durfte? Manchmal wünschen sich die Kinder Ihrer Einrichtung bestimmt auch, Sachen tun zu dürfen, die eigentlich sonst verboten sind. Warum greifen Sie dieses Bedürfnis nicht einfach einmal auf und gestalten mit den Kindern eine Aktivität, bei der sie geplant über die Stränge schlagen dürfen?

Kinder bekommen durch Bewegung, was sie brauchen

Um sich richtig entfalten zu können, benötigen Kinder beides: Freiheit und Grenzen. Sie müssen z. B. den Freiraum haben, selbstständig Dinge auszuprobieren. Damit sie aber Orientierung und Sicherheit bekommen, brauchen sie Grenzen. Im Alltag bedeutet dies, dass in der Kita bestimmte Regeln gelten, wie z. B. „Wir essen am Tisch". Eine gute Voraussetzung für eine gesunde Entwicklung der Kinder ist die Balance zwischen Freiheit und Begrenzung. Gerade durch Bewegungsangebote können Sie den Kindern folgende Freiräume schaffen:

■ Bewegung wird von jedem Kind individuell gesteuert, d. h., jedes Kind bewegt sich nach seinen Möglichkeiten. So entscheidet jedes Kind für sich selbst, wie schnell es läuft oder ob es große oder kleine Schritte macht.

■ Durch Bewegung hat das Kind die Freiheit, neue Sachen und Situationen in seinem eigenen Tempo kennen zu lernen. Dafür sind vielfältige Bewegungsanreize wichtig, z. B. genügend Raum zum Toben im Haus und im Freien oder verschiedene Dinge, die zum Bewegen anregen, wie Reifen oder Bälle.

■ Nicht nur bei Kindern löst Bewegung ein Gefühl von Freiheit und Zufriedenheit aus. Weil der Wunsch nach Bewegung ein Grundbedürfnis der Menschen ist, sollte es auch befriedigt werden. Kinder, die ausgiebig toben durften, sind im anschließenden Spiel entspannter und konzentrierter.

Bewegungsfreiheit hat Grenzen

Mit diesen Freiräumen lernen Kinder täglich dazu, stärken ihren Körper und gewinnen an Geschicklichkeit. Neben der Freiheit beinhaltet die Bewegung aber auch Grenzen:

1. Einerseits werden Kinder durch ihren Entwicklungsstand begrenzt. Das bedeutet, dass ein 3-jähriges Kind noch nicht so schnell und hoch klettern kann wie ein 5-jähriges.

2. Auch der Raum, in dem Kinder sich bewegen, zieht den Kindern Grenzen. Ein Zimmer bietet nur die Möglichkeit, von einer Wand bis zur anderen zu laufen. Im Garten dagegen ist schon mehr Platz für Kinder.

3. Es ist Ihre Aufgabe, den Kindern bei Bewegungsangeboten Grenzen zu setzen. Manchmal schränkt die Bewegung des einen die Freiheit des anderen ein. Beispielsweise stößt ein wild tanzendes Kind in einem engen Raum an andere Kinder, die sich auch hier aufhalten. Oder ein Kind bringt sich durch Bewegung in Gefahr, indem es z. B. mit seinem Roller mitten auf der Straße fährt. Hier müssen Sie Grenzen setzen, indem Sie mit den Kindern von der Straße weg zu einem unbefahrenen Platz oder einem gepflasterten Hof ausweichen.

Verwenden Sie Alltagsmaterialien für Bewegungsspiele

Einen außergewöhnlichen Bewegungsanreiz für Kinder schaffen Sie, indem Sie Materialien aus anderen Lebensbereichen als Bewegungsmaterial anbieten. Das könnten beispielsweise Müllsäcke als Unterlage zum Herumrutschen sein. Besonders reizvoll ist es für Kinder auch, wenn sie Tische und Stühle zum Turnen benutzen dürfen. Normalerweise sind diese nur zum Malen oder Essen gedacht. Für die Zeit der Turnstunde heben Sie diese Regel hier auf. So schaffen Sie Freiheit in Grenzen.

1 Folgendes sollten Sie beachten, wenn Sie eine Turnstunde mit Tischen und Stühlen anbieten wollen:

- Achten Sie darauf, einen geeigneten Raum zu wählen. Sie sollten noch genügend Platz zum Herumlaufen haben, auch wenn Tisch und Stühle im Raum stehen. Daher ist ein großer Bewegungsraum günstig. Im Sommer können Sie Tisch und Stühle auch in den Garten tragen.

- Nehmen Sie nur stabile Möbel mit in dieses Bewegungsangebot. So vermeiden Sie Unfälle.

- Erklären Sie den Kindern, dass es etwas Besonderes ist, auf Stühlen und Tischen zu turnen. So können sie später die eigentliche Funktion der Möbel wieder akzeptieren und freuen sich über die zeitweise Aufhebung der Begrenzung.

In der nebenstehenden Tabelle finden Sie Anregungen, welche Bewegungsspiele Sie mit den Kindern mit Tischen und Stühlen gut umsetzen können. Nun steht einer bewegten Stunde rund um die Möbel mit ganz anderem Zweck nichts mehr im Wege.

Tabelle: Bewegungsspiele über Tische und Stühle

Spiel	Alter	Das wird gebraucht	So wird's gemacht
Drunter und drüber	ab 3 Jahre	8–10 Stühle	Stellen Sie die Stühle hintereinander im Abstand von ca. 1 m auf. Die Kinder bekommen die Aufgabe, Slalom zu laufen. Aber nicht wie gewohnt im Zickzack um die Stühle herum, sondern drunter und drüber. Der Reihen nach klettern die Kinder erst über den 1. Stuhl, dann kriechen sie unter dem 2. hindurch usw.
Mein Haus	ab 3 Jahre	pro Kind 1 Stuhl, Musik	Jedes Kind sucht einen Stuhl aus und platziert ihn im Raum. Dieser Stuhl ist sein „Haus". Alle probieren aus, was sie in ihrem Haus machen können, z. B. auf der Sitzfläche sitzen oder liegen, unter dem Stuhl hocken usw. Wenn Sie die Musik anschalten, machen die Kinder einen Spaziergang. Sie bewegen sich im Raum zwischen den „Häusern" aller Kinder. Jetzt ist Schnelligkeit gefordert. Stoppen Sie die Musik, müssen alle Kinder schnell wieder zu ihrem „Haus" zurück. Das Kind, das als Letztes bei seinem „Haus" angelangt ist, muss beim nächsten Spaziergang aussetzen.
Schwebebahn	ab 4 Jahre	8–10 Stühle	Stellen Sie die Stühle dicht aneinander. Alternativ können Sie auch eine lange Bank für das Spiel anbieten. Die Kinder legen sich nacheinander mit dem Bauch auf die Sitzfläche. Jedes Kind hält sich dabei an den Füßen des Vorgängers fest. Durch robbende Bewegungen zieht sich nun der „Zug" auf seinem hohen „Gleis" vorwärts. Hier ist Rücksicht gefragt, wenn das vorderste Kind am Ende der Stuhlreihe angelangt ist. Es muss sich nämlich nun vorsichtig auf den Boden gleiten lassen, ohne den Zug abreißen zu lassen. Klatschen Sie Beifall, wenn das letzte Kind des Zuges seinen Weg über die Stühle gemeistert hat!
Möbelpacker	ab 3 Jahre	pro Kind 1 Stuhl	Sorgen Sie für Hindernisse im Raum. Jedes Kind nimmt seinen Stuhl mit beiden Händen und trägt ihn zwischen den Hindernissen hindurch. Vereinbaren Sie vorher ein Ziel, z. B. die gegenüberliegende Zimmerseite. Während des Tragens bekommen die Kinder Aufträge. Sie schleichen besonders leise, gehen auf Zehenspitzen oder machen große Schritte.
Bergsteiger	ab 4 Jahre	1 Tisch, pro Kind 1 Stuhl	Jedes Kind bekommt einen Stuhl. Dieser ist der „Berg", den es besteigen soll. Am Anfang dürfen die Kinder dafür die Hände benutzen. Bei der 2. Besteigung haben sie ihre Hände auf dem Rücken. Schließlich bilden die Kinder Paare und besteigen zu zweit einen der Stühle. Am Ende klettern alle Kinder auf den Tisch. Dabei helfen sie sich gegenseitig und dürfen ihre Stühle als Kletterhilfen benutzen.

Hinweis: Achten Sie darauf, Matten unter die Hindernisse zu legen, damit die Kinder sich bei einem Sturz nicht verletzen. Ebenso ist es evtl. notwendig, dass Sie die Kinder durch Hilfestellungen bei Kletterversuchen unterstützen, um das Unfallrisiko möglichst gering zu halten.

Bewegungsspaß mit Becher und Ball

Kostenintensives Material für Ihre Bewegungsbaustelle oder teure Turngeräte brauchen Sie nicht, um die Kinder in Bewegung zu bringen. Bieten Sie den Kindern besser Materialien an, die sie aus dem Alltag zu Hause kennen. Damit gewährleisten Sie, dass die Kinder jederzeit, vor allem zu Hause, in der Lage sind, die Übungen aus der Turnstunde in der Kita zu wiederholen oder selbstständig weiterzuentwickeln. So kommen sie überall – nicht nur in einer angeleiteten Turnstunde – spielend in Bewegung.

Materialien, denen Kinder im Alltag begegnen und die sich sehr gut zum Turnen und Spielen eignen, sind
z. B. Handtücher, Luftballons, Bälle, Fliegenklatschen, Joghurtbecher, Bierdeckel, Zeitungen etc.

Im Folgenden werden 2 verschiedene Spielmöglichkeiten mit im Sport eher ungewöhnlichen Gegenständen vorgestellt.

An diesen Übungen können Kitakinder jeden Alters teilnehmen.

1. Spiele und Übungen mit Luftballons

Um alle Spiele durchführen zu können, benötigen Sie pro Kind: 1 Handtuch, 1 Luftballon, 1 Fliegenklatsche und 1 Bettüberzug.

- Luftballons: Immer 2 Kinder spielen sich einen Ballon gegenseitig zu. Der Ballon darf nicht den Boden berühren. Dann gehen 4 Kinder zusammen und spielen sich 2, später 3 oder 4 Ballons zu. Am Schluss bilden die Kinder eine große Gruppe und versuchen, alle Ballons in der Luft zu halten.

- Luftballons und Handtuch: Zunächst legt jedes Kind einen Luftballon auf sein am Boden liegendes Handtuch. Dann fassen sie das Handtuch an 2 Enden und versuchen, den Ballon als „Hund" durch den Raum „spazieren zu ziehen." Dann fassen 2 Kinder ein Handtuch an den Ecken und balancieren einen Luftballon in der Mitte auf dem Handtuch. Sie werfen ihn hoch und versuchen, ihn wieder aufzufangen. Wenn das gelingt, können 2 Paare versuchen, ihre Ballons gleichzeitig hochzuwerfen, dann aber den Ballon des anderen Paares aufzufangen.

- Luftballon und Fliegenklatsche: Die Kinder versuchen, mit der Fliegenklatsche die Ballons in der Luft zu halten. Sie können versuchen, die Ballons in ein vorher vereinbartes Ziel zu dirigieren.

- Luftballons und Bettüberzug: Sie füllen so viele Ballons wie möglich in einen Bettüberzug und verschließen ihn. Nun dürfen sich die Kinder in dieses weiche „Himmelbett" hineinlegen. Sie werden erstaunt sein, wie beliebt und lange haltbar dieses „Bett" ist.

Bewegungsspaß mit Becher und Ball

Tipp: Wenn Sie die Ballons aufgeblasen haben, sollten Sie sie nicht fest verknoten, sondern einen „halben" Knoten anbringen, indem Sie die Öffnung des Ballons nur halb durch die gefertigte Schlaufe ziehen. Dieser „halbe" Knoten hält sehr gut und kann leicht wieder geöffnet werden, so dass Sie die Ballons wieder verwenden können.

2. Spiele und Übungen mit Joghurtbechern und Tennisbällen

Für diese Spiele benötigen Sie pro Kind:
1 leeren Joghurtbecher (500 g), 1 Tennisball.

- Ball fangen und werfen: Jedes Kind erhält einen Joghurtbecher und einen Tennisball. Die Kinder geben den Ball in den Becher und versuchen dann, den Ball aus dem Becher heraus hochzuwerfen und wieder aufzufangen. Das gelingt leichter, wenn sie den Ball vor dem Auffangen 1-mal auf dem Boden aufkommen lassen. Wenn dies klappt, wechselt der Becher die Hand und die Kinder fangen mit der anderen Hand.

- Ball zuspielen: Die Kinder bilden Paare. Diese Paare werfen sich einen Ball zu. Geworfen und gefangen wird mit dem Becher. In der Mitte darf der Ball einmal aufkommen. Auch diese Übung wird mit beiden Händen durchgeführt.

- „Becherautos" (nur auf glatten Böden): Die Kinder legen ihren Ball auf den Boden und stülpen den Joghurtbecher darüber. Sie sollen nun den Becher so anstoßen, dass er nicht umfällt, sondern ein Stück vorwärtsrollt. Später soll dieses „Becherauto" eine abgesteckte Ziellinie erreichen. Dann bilden sie Paare. Die Paare „rollen" sich ihre „Becherautos" im Sitzen gegenseitig zu.

1 Handtücher, Tennisbälle oder Fliegenklatschen brauchen Sie nicht teuer zu erstehen. Sie können die Vorlage auf der folgenden Seite dazu verwenden, die Eltern um eine Materialspende zu bitten. Damit wecken Sie gleichzeitig die Neugier auf Ihre neuen Ideen für die Kita und zu Hause.

Kopiervorlage Elternbrief: Bitte um eine Materialspende

Liebe Eltern,

Kinder, die körperlich und geistig fit und in Bewegung sind – das wünschen wir uns alle.

Mit unseren Bewegungsangeboten im Freispiel und in unseren Turnstunden leisten wir dazu einen Beitrag.

Wir möchten gern, dass Ihre Kinder nicht nur in der Kita von diesen Anregungen und Ideen profitieren, sondern auch zu Hause.

Darum wollen wir mehr Materialien einsetzen, die den Kindern bereits aus dem Alltag vertraut sind.

Wir bitten Sie, uns dabei mit einer Materialspende zu unterstützen, damit Ihre Kinder überall spielend einfach in Bewegung kommen!

Wir suchen:

- Handtücher (ca. 40 cm x 90 cm)
- Leere Joghurtbecher (500 g)
- Bierdeckel
- Tischtennisbälle

Vielen Dank für Ihre Mithilfe!

Fingergymnastik und Fingerspiele – So tasten sich Kinder an neue Herausforderungen heran

Die Finger – einerseits kraftvolle Alltagswerkzeuge, andererseits hochsensible Tastorgane. Ohne dass ihnen Aufmerksamkeit geschenkt wird, leisten sie täglich ihre anspruchsvolle Arbeit. Sensibilisieren Sie die Kinder für das, was ihre Finger und Hände alles können und leisten. Ein Kind, dass ein Gespür für seine Hände bekommt, kann diese auch für sanfte und vorsichtige Berührungen einsetzen. So lernt ein Kind, sich und andere einfühlsam wahrzunehmen und zu „begreifen".

1 Fragen Sie die Kinder, ob sie glauben, dass ihre Hände immer das machen, was sie möchten, und sie ihre Hände völlig im Griff haben. Sicher werden alle davon überzeugt sein. Dann führen Sie die folgenden Fingerübungen- und spiele durch, einige davon stellen eine kleine Koordinations-Hochleistung dar. Jede Übung sollte 3- bis 4-mal wiederholt werden.

Die Kinder werden sicher, falls der Erfolg nicht sofort eintritt, zu Hause weiterüben und vielleicht am nächsten Tag gekonnt vorführen. Ermutigen Sie Kinder dazu, mit den Fingern bewusst zu spielen, zu üben und sie differenziert zu benutzen.

1. Der Propeller

Die Kinder halten mit einer Hand das Handgelenk der anderen Hand fest, damit es sich nicht mitbewegt. Dann kreist die ganze Hand zuerst in die eine, dann in die andere Richtung um das Gelenk.

2. Hoch und runter, immer munter

Die Kinder strecken die geöffneten Hände waagerecht mit den Handflächen nach unten aus. Die Finger sind gestreckt. Dann bewegen sie jeden Finger einzeln nach oben und unten, begleitet von dem Vers: „Hoch und runter, immer munter." Der Daumen kommt am Schluss. Er beschreibt einen Kreis in beide Richtungen.

3. Fang die Fliege

Die Kinder stellen sich vor, sie möchten eine Fliege fangen. Sie strecken beide Hände in Brusthöhe mit den Handflächen nach vorne. Auf Ihr Kommando „Da ist sie" schnappen beide Hände blitzschnell nach der Fliege und bilden eine Faust. Dann öffnen sie die Faust wieder.

4. Sag „Hallo"

Die Kinder spreizen die Finger einer Hand. Jeder Finger einzeln, beginnend beim Zeigefinger, berührt nun den Daumen. Bei jeder Berührung sagen die Kinder: „Hallo, Zeigefinger, hallo, Mittelfinger, usw."

5. Der Elefantentanz

Zuerst klatschen sich die Kinder mit beiden flachen Händen auf die Oberschenkel. Dann fasst die rechte Hand das linke Ohr und die linke Hand fasst die Nase. Danach klatschen wieder beide Hände auf die Oberschenkel. Nun fasst die rechte Hand die Nase und die linke Hand das rechte Ohr.

Tipp zur leichteren Ausführung: Erklären Sie, dass die Kinder die Hand, die die Nase fasst, immer eng am Körper und die andere Hand, die das Ohr fasst, immer außen darüber hinweg führen sollen. Ziel des Spiels ist es, immer schneller und schneller in den Bewegungen zu werden.

Wer schafft es und wer würde jetzt noch behaupten, er habe beide Hände voll im Griff?

6. Ein Wärmekissen selbst gemacht!

Zeigen Sie den Kindern, wie sie sich selbst und anderen jederzeit nur mit Hilfe ihrer Hände ein kleines Wärmekissen auflegen können. Dazu bitten Sie die Kinder, ihre Handflächen so fest aneinanderzureiben, dass sie heiß werden. Dann sollen sie beide Handflächen z. B. auf den Rücken des Kindes neben ihnen legen. Es werden sicher alle erstaunt sein, wie viel Wärme hierbei weitergegeben wird.

7. Klatschvers: „Ich bin gut, du bist gut"

Auch einfache Klatschverse sind bei den Kindern sehr beliebt und können ein Fingerspiel, wie das auf der gegenüberliegenden Seite, abrunden. Versuchen Sie einmal folgenden Spruch, bei dem jedes Kinder einen Partner braucht: „Ich bin gut, du bist gut. Wer das weiß, weiß genug." Dazu klatschen die Kinder zuerst 3-mal in die eigenen Hände („ich bin gut"), dann klatschen sie 3-mal mit beiden Händen in die Hände ihres Partners („du bist gut"). Anschließend wieder 3-mal in die eigenen Hände („wer das weiß") und noch 3-mal mit dem Partner („weiß genug").

Fingerspiel: „Meine 5 Finger sind meine 5 Freunde"

Text	Handlungsanweisung
„An jeder Hand hab ich 5 Finger. Was sind das denn für lust'ge Dinger?"	Alle Finger spreizen und betrachten
„Die kleinen Finger woll'n sich gern necken und spielen, fangen und verstecken."	Beide kleinen Finger zappeln und hakeln sich dann ineinander
„Die Ringfinger, die können sich schmücken und mit ihren Ringen alle Leute entzücken."	Beide Ringfinger hochhalten und drehen
„Die Mittelfinger sind kaum zu schlagen, sie wollen aus allen herausragen."	Beide Hände emporstrecken
„Die Zeigefinger, die wollen sich strecken und möglichst viele Dinge entdecken."	Mit beiden Zeigefingern auf etwas zeigen
„Die Daumen können greifen und drehen. Wie sollte das alles auch ohne sie gehen?"	Alle Finger „greifen" etwas, Daumen drehen sich
„Gemeinsam könn' sie sich berühren, so sachte, dass wir es fast nicht spüren."	Die Fingerspitzen beider Hände tippen sachte an-einander
„Auch klatschen können sie – ganz leise und dann auf laute, schnelle Weise."	Zuerst leise klatschen, dann laut und schnell
„Alle zusammen sind sie 10. Und jetzt möchten sie ganz schnell geh'n!"	Alle 10 Finger zeigen, mit allen 10 Fingern „laufen" bzw. „zappeln"
„Denn meine 10 Freunde hab'n so viel zu tun, die müssen irgendwann auch mal ruh'n."	Alle Finger verschwinden in der Faust

Spielerisch Vertrauen aufbauen

In eine starke Gemeinschaft, wie eine Kitagruppe, eingebunden zu sein stärkt das Selbstbewusstsein von Kindern. Sie können sich innerhalb der Gruppe als wichtiges, verlässliches Mitglied einbringen und gleichzeitig erleben, dass sie sich auf andere verlassen können. So entsteht eine vertrauensvolle Gruppenatmosphäre. Spiele, die das Zutrauen der Kinder in die Gruppe und den Zusammenhalt innerhalb der Gruppe fördern, tragen dazu bei.

Vertrauens- und Kooperationsspiele bereichern die Kindergruppe

Wenn Sie immer wieder Vertrauensspiele für die Gruppe anbieten, können die Kinder „spielend" und „hautnah" erleben, wie schön es ist, Vertrauen zur Gruppe zu haben und selbst ein vertrauensvoller Partner zu sein. Vertrauensspiele fördern die (nonverbale) Kommunikation und Kooperation und die Achtsamkeit im Umgang mit anderen.

Diese Spiele können ohne großen Materialaufwand im Freien oder in der Einrichtung gespielt werden. Im Folgenden sehen Sie einige Spielanregungen, um den achtsamen Umgang der Kinder untereinander und das Vertrauen zueinander zu fördern.

Förderband

Alle Kinder, bis auf eines, legen sich auf den Rücken dicht an dicht in einer Reihe nebeneinander auf den Boden. Sie bilden das Förderband. Das verbliebene Kind legt sich quer auf diese Förderband. Auf Ihr Kommando drehen sich alle Kinder im Förderband in die gleiche Richtung um, so dass das Kind, das darüberliegt, nach vorn weitertransportiert wird. Das „Kinderband" dreht sich so lange, bis das Kind auf der gegenüberliegenden Seite angekommen ist. Dann darf das nächste Kind sich befördern lassen.

Roboterlauf

Je 2 Kinder bilden ein Paar. Ein Kind spielt den Roboter, das andere Kind den Erfinder. Der Erfinder steht hinter dem Roboter und versucht, ihn zu lenken. Dabei gelten folgende Kommandos: Tippen auf die rechte Schulter: rechtsherum gehen. Tippen auf die linke Schulter: linksherum gehen. Beide Hände auf die Schultern legen: Stopp! Sachte an den Ohren ziehen: loslaufen. Alle Roboter gehen nun gleichzeitig los. Die Erfinder versuchen, sie so zu lenken, dass sie nicht gegeneinanderstoßen. Es darf nicht gesprochen werden.

Als zusätzliche Schwierigkeit können die Roboter die Augen schließen.

Tragende Hände

Teilen Sie alle Kinder, bis auf eines, in 2 Gruppen auf. Die Gruppen setzen sich (in Hockstellung) einander gegenüber. Sie fassen sich fest an den Händen, besser noch an den Unterarmen. Der Partner darf nicht losgelassen werden. Das verbliebene Kind legt sich

Spielerisch Vertrauen aufbauen

nun auf diese tragenden Hände. Die Gruppe versucht nun, das Kind ein wenig zu wiegen, vorsichtig anzuheben oder zu rollen usw. Da die Kinder dafür Kraft brauchen, kann vielleicht nicht jedes Kind an einem Tag drankommen. Verteilen Sie dann dieses Privileg auf mehrere Tage.

Verletzte bergen

Ein Mitspieler ist der Fänger. Die anderen Spieler können sich vor dem Fänger schützen, indem sie in die Hocke gehen. Sie können sich aber nicht selbst wieder befreien, sondern müssen von 2 anderen „Rettern" ins Krankenhaus transportiert werden. Das Krankenhaus befindet sich in einer vorher vereinbarten Ecke des Spielfeldes. Die „Retter" stellen sich, um den Mitspieler zu transportieren, rechts und links von ihm auf, haken ihn unter und heben ihn an. Während eines Krankentransports dürfen alle 3 Kinder nicht vom Fänger abgeschlagen werden. Der Verletzte und seine Retter müssen das Krankenhaus sofort nach Erreichen wieder verlassen und können wieder abgeschlagen werden. Ist ein Kind abgeschlagen, wird es zum Fänger und der Fänger zum Mitspieler.

So setzen Sie gemeinschaftsfördernde Spiele in der vElternarbeit ein

Vertrauens- und Kooperationsspiele eignen sich nicht nur für Kindergruppen. Auch in der Elternarbeit können Sie die Spiele zu unterschiedlichen Anlässen einsetzen. So kann

1 die vertrauensvolle Zusammenarbeit mit Ihrem Elternbeirat durch Gruppenspiele intensiviert werden, z. B. mit dem Spiel „Aufstand";

2 ein Spiel am Elternabend Vertrauen innerhalb der Gruppe schaffen, z. B. beim Erleben von achtsamem Umgang mit Nähe und Distanz im Spiel „Wechsle dich";

3 die Eltern-Kind-Gemeinschaft bei einem Kita- oder Gruppenfest durch Vertrauensspiele gestärkt werden, z. B. durch das Spiel „Baum ertasten".

Ebenso bilden Spiele oftmals einen schönen „Rahmen", um eine Veranstaltung einzuleiten oder auf eine fröhliche, gemeinschaftliche Art ausklingen zu lassen.

Tabelle: Spiele für große und kleine Menschen

1 ▶ **„Aufstand"** Spielanregung für die Elternbeiratssitzung	Teilen Sie die Mitspieler in 2 Gruppen auf. Die beiden Gruppen stellen sich in eine Reihe, Rücken an Rücken auf. Nun hakt sich jeder Mitspieler bei seinen beiden Nachbarn unter. Auf Ihr Kommando gehen alle gemeinsam in die Hocke. Ist das geschafft, versucht die Gruppe nun, auf ein weiteres Kommando Ihrerseits wieder gleichzeitig aufzustehen. Wenn die ersten Versuche gelungen sind, können Sie das Tempo steigern und die Gruppe immer schneller werdend aufstehen und niedersitzen lassen.
2 ▶ **„Wechsle dich"** Spielanregung für den Elternabend	Alle Spieler stehen in einem großen Kreis. Geben Sie nun die Anweisung, dass jeder Mitspieler an einen Platz auf der gegenüberliegenden Seite wechseln soll. Das müssen alle Spieler gleichzeitig tun und sich dabei nach Möglichkeit nicht berühren. Wenn es gelungen ist, bitten Sie alle, nach denselben Regeln, wieder den Platz einzunehmen, den sie zuvor hatten. Dabei müssen die Spieler auch wieder neben denselben Nachbarn wie zu Beginn des Spiels stehen. Wenn die Eltern sich darauf einlassen, kann das Spiel noch einmal gespielt werden. Dieses Mal sollen alle Mitspieler bei dem Versuch, die andere Seite zu erreichen, die Augen schließen.
3 ▶ **„Baum ertasten"** Spielanregung fürs Eltern-Kind-Fest	Dieses Spiel können Sie im freien Gelände, im Wald oder in der Einrichtung spielen. Bei dem Vertrauensspiel bilden immer ein Elternteil und ein Kind ein Paar. Einem der beiden werden die Augen verbunden. Nun führt der „sehende" Mitspieler den „blinden" Spieler eine gewisse Strecke weit, bis zu einem Baum oder einem anderen markanten Gegenstand, Möbel o. Ä., der ertastet werden kann. Der Spieler mit den verbundenen Augen ertastet den Gegenstand und versucht, ihn sich einzuprägen. Anschließend wird er wieder zurückgeführt. Wenn seine Augenbinde abgenommen wird, soll er den Baum oder Gegenstand, den er ertastet hat, wiederfinden.

Tabelle CD-ROM

Der Pfützentanz – Mit Wasser spielen und lernen

Haben Sie Ihre Gummistiefel zur Hand? Dann nichts wie raus in den Regen! Sie zögern? Dann bedenken Sie, dass Regen Wasser ist. Und Wasser ist bekanntlich Leben. Gehen Sie mit den Kindern dorthin, wo das Leben spielt!

Das Element Wasser hat einen großen Spiel- und Lerneffekt. Mit Wasser kann man spritzen, gießen und plätschern. Wasser ist lebensnotwendig, ist Lebensraum für Tiere und verändert sich ständig. Dies ist für Kinder spannend und bereichernd zu erfahren. Machen Sie gemeinsam Entdeckungen mit Wasser. Dazu können Sie Wasser zum Lernthema machen, am besten indem Sie den Kindern die Inhalte in Kombination mit Bewegung nahebringen. Durch Beobachtungen und Experimente im Freien und durch die Möglichkeit des Anfassens kann dies sehr gut gelingen. So lernen die Kinder mit allen Sinnen.

Wasser regt zum Bewegen an

Wasser bietet nicht nur viele Lernerfahrungen. Mit Wasser macht es Kindern auch besonderen Spaß, ihren Bewegungsdrang zu befriedigen. Auch für viele Erwachsene ist es eine Freude, im Wasser zu schwimmen oder auf einem zugefrorenen See zu schlittern. Doch es geht auch mit weniger Aufwand, Wasser für Bewegung zu nutzen. Freuen Sie sich auf den nächsten Regentag. Dann können Sie mit den Kindern alle Pfützen für Ihre Spiele mit Wasser nutzen. Bereiten Sie Ihre Pfützenspiele folgendermaßen vor:

- Überlegen Sie vorher, wo Sie ausreichend große Pfützen finden können. In unebenem Gelände sammelt sich Regenwasser schnell in den Mulden. Darum finden Sie die besten Pfützen häufig in Parks, auf Feld- und Waldwegen und auf Wiesen.

- Vermitteln Sie Kindern eine positive Einstellung zu Spielen im Regen. Das klappt, wenn Sie selbst der Idee positiv gegenüberstehen. Zeigen Sie den Kindern im Gespräch durch ihr Lachen und ihr Interesse die eigene Freude an Bewegung auch im Regen.

- Informieren Sie die Eltern darüber, dass Sie bei jedem Wetter nach draußen gehen wollen. Bitten Sie diese auch, den Kindern Regenkleidung in die Kita mitzugeben. Gummistiefel, eine wasserfeste Hose und eine Regenjacke mit Kapuze sind notwendig. Ein Schirm hingegen behindert die Beweglichkeit des Kindes.

- Haben Sie keine Angst davor, dass Sie oder die Kinder sich im Regenwetter eine Erkältung holen. Bei dem so genannten grippalen Infekt handelt es sich um eine Virusinfektion, die durch Ansteckung übertragen wird. Achten Sie aber darauf, dass alle Kinder sich drinnen wieder aufwärmen und trockene Kleidung anziehen, dann bleibt der Körper abwehrstark.

Spaß am Regenwetter mit Pfützenspielen

Bereiten Sie Pfützenspiele vor, mit denen Sie Kindern Anregungen für Spiele in und mit Pfützen geben können. Sie können z. B. vorher mit den Kindern Papierschiffchen bauen, die Sie später in einer Pfütze zu Wasser lassen. Oder Sie entscheiden sich für verschiedene Bewegungsangebote in und um Pfützen:

1 Tanz in der Pfütze

Durch Tanzen drücken Kinder Freude und Glück aus. Weil sich Kinder mit dem Element Wasser meistens sehr wohl fühlen, können sie das gut durch einen Tanz mitten in der Pfütze zeigen.

2 Mitten in die Pfütze springen

Was gibt es Schöneres, als wenn es so richtig platscht und spritzt? Heute dürfen die Kinder mit Anlauf mitten in die Pfütze springen. Schließlich haben alle extra dafür ihre Gummistiefel und die Regenkleidung angezogen!

3 Geschichten im Wasser nachgespielt

Kinder lieben Rollenspiele. Warum spielen Sie nicht einfach eine Geschichte rund um das Thema „Wasser" mit den Kindern in der Pfütze nach? Die gespielten Erlebnisse erfinden Sie mit den Kindern einfach selbst.

4 Herrliche Schöpfspiele in der Pfütze

Schon die jüngsten Kinder haben Freude am Schöpfen und Umfüllen von Wasser mit und in verschiedenste Gefäße. Bereiten Sie vorher schon geeignete Becher, Kannen und Eimer vor, die Sie mit nach draußen nehmen können.

Nebenstehend finden Sie verschiedene Spielvorschläge. Kopieren Sie dazu einfach die Vorlage und laminieren Sie das Blatt. So können Sie die Anregungen mitnehmen, ohne dass sie vom Regen aufgeweicht werden.

Kopiervorlage: Spielanleitungen zu Pfützenspielen

Pfützentanz

- Wählen Sie gemeinsam ein Kinderlied passend zum Regenwetter aus, z. B. „Regen, Regen, Tropfen".
- Jedes Kind sucht sich eine schöne Pfütze aus.
- Alle singen gemeinsam und zum Takt des Liedes stapfen alle Kinder kräftig mit ihren Gummistiefeln in der Pfütze herum.
- Wer spritzt dabei am höchsten?
- Fordern Sie die Kinder auf, auch mit beiden Beinen oder auf einem Bein zu hüpfen oder sich zu drehen.

Pfützenweitsprung

◀ 2

- Suchen Sie mit den Kindern eine besonders große Pfütze.
- Markieren Sie eine Startlinie mit einem Stöckchen in der Erde. Dahinter stellen sich die Kinder einzeln auf.
- Nacheinander nehmen die Kinder Anlauf und springen kurz vor der Pfütze ab. Ziel ist es, möglichst weit in die Pfütze hineinzuspringen.
- War jedes Kind an der Reihe, stellen sich alle gemeinsam hinter die Linie. Alle nehmen sich an der Hand und laufen los. Gemeinsam springt die ganze Gruppe platschend in die Pfütze.

Mein kleiner See

- Suchen Sie mit den Kindern einen Ort, an dem es viele Pfützen gibt. Jedes Kind benötigt eine „geräumige" Pfütze.
- Die Pfütze ist der See jedes Kindes.
- Erzählen Sie den Kindern davon, was auf dem See gerade alles passiert. Z. B.: *„Ein großer Dampfer fährt über den See. Jetzt kommt ein Segelboot. Es macht hohe Wellen. 3 kleine Enten watscheln vom Ufer aus ins Wasser"* usw.
- Die Kinder machen Bewegungen zur Geschichte. Beim Dampfer stampfen sie z. B. mit großen Schritten durch die Pfütze, Wellen machen sie, indem sie mit den Stiefeln das Wasser aufwühlen, Enten ahmen sie durch kleine Trippelschritte nach.
- Was könnte noch auf dem See passieren? Lassen Sie die Kinder weitererzählen.

Leer geschöpft

◀ 4

- Nehmen Sie Plastikbecher, Gießkannen und Eimer mit nach draußen.
- Mehrere Kinder suchen sich zusammen eine Pfütze.
- Gemeinsam versucht die Kindergruppe, die Pfütze mit den mitgebrachten Geräten leer zu machen.
- Regen Sie die Kinder an, mit dem geschöpften Wasser eine eigene Pfütze anzulegen.
- Alle Kinder stellen sich hintereinander. Sie geben den Eimer oder Becher weiter. So entsteht eine „Schöpfkette" vom 1. Kind an der Pfütze, das das Wasser holt, bis zum letzten Kind, das das Wasser in die neue Pfütze gießt.

Natur bei jedem Wetter erleben

Es gibt kein schlechtes Wetter, es gibt nur falsche Kleidung. Kennen Sie trotzdem den Impuls, sich bei Regenwetter lieber im Haus zu verkriechen? Sicherlich finden Sie zu Hause Zeit, diesem Bedürfnis mit einer Tasse Tee nachzugeben. Bei Ihrer Aufgabe als Erzieherin sollten Sie Ihr Zögern überwinden und Kindern die Möglichkeit bieten, sich im Freien zu bewegen.

Sich in freier Natur auszutoben, sich wild oder vorsichtig zu bewegen fördert die Entwicklung der Kinder in vielen Bereichen:

- Die Sinne der Kinder werden durch die Natur geschärft. Kinder fühlen Regen auf ihrer Haut. Sie versuchen zu ergründen, wie Schneeflocken schmecken. All das formt das Einfühlungsvermögen und lehrt Kinder, die Natur zu schätzen.

- Bewegung in der Natur stellt einen Gegenpol zu den sitzenden Aktionen drinnen dar. Experten beklagen, dass Kinder zunehmend Defizite in ihrer motorischen Entwicklung aufweisen. Oft wird der natürliche Bewegungsdrang der Kinder gebremst durch Stillsitzen und mangelnden Bewegungsraum. Draußen ist Platz zum Bewegen.

- Bewegung bei Wind und Wetter stärkt das Immunsystem. Der Körper der Kinder gewöhnt sich durch regelmäßige Aufenthalte im Freien an Temperaturschwankungen und Feuchtigkeit.

Darauf sollten Sie achten

1 Denken Sie an entsprechende Kleidung und Aufwärmmöglichkeiten, z. B. durch warmen Tee. So werden Kinder weniger häufig krank und trotzen leichter der alljährlichen Grippewelle.

2 Vergessen Sie nicht, die Eltern zu informieren, dass Sie bei jedem Wetter mit den Kindern nach draußen gehen. In einem kurzen Gespräch oder einem Aushang können Sie den Eltern den Nutzen von Bewegungsangeboten für Kinder in der Natur erklären.

3 Bleiben Sie selbst offen für Bewegung bei jedem Wetter und rüsten Sie sich dafür, z. B. durch Gummistiefel.

Draußen in den 4 Jahreszeiten

4 Ermöglichen Sie den Kindern ein Toben unter freiem Himmel zu jeder Jahreszeit. Es gibt täglich genügend zu entdecken. Besonders reizvoll für Kinder sind Orte im Freien, die viel Platz, aber auch besondere Hindernisse anbieten. Dies könnten z. B. ein oder mehrere Bäume oder ein Hügel sein. Kinder freuen sich, wenn sie in der Nähe Wasser zum Spielen finden. Wenn Ihr Garten diese Anreize nicht bietet, machen Sie doch regelmäßig Ausflüge

Natur bei jedem Wetter erleben

in einen nahe gelegenen Wald oder Park. Je nach Jahreszeit können Sie Kinder zu verschiedenen Bewegungserlebnissen in der Natur anregen.

1. Im Frühling

Endlich ist es wieder wärmer! Die Kinder benötigen nur noch dünne Kleidung und können sich wieder freier bewegen. Nutzen Sie diese Freiheit für Bewegungsspiele, wie Fangen, Ringelreihen oder einfach wildes Toben. Die Natur blüht gerade auf. Nun finden Sie viele frische Blumen, Gräser oder Zweige. Sammeln Sie mit den Kindern alles, was die Natur bereithält, und legen Sie gemeinsam ein großes Frühlingsbild damit auf die Wiese. Mit einem ausgelassenen Tanz um das Bild herum begrüßen Sie die ersten warmen Sonnenstrahlen.

2. Im Sommer

Im Sommer ist es ein Segen, wenn ein Bach oder eine Quelle in der Nähe ist. Dort können die Kinder planschen und spritzen. In den Sommermonaten dürfen sie auch barfuß laufen. Regen Sie sie dazu an, Gras, Moos und Steine mit nackten Füßen zu betreten. So schaffen Sie Sinneserfahrungen. Weil der Boden warm genug ist, dürfen die Kinder darauf liegen und sitzen. Toben Sie mit den Kindern im Gras oder rollen Sie zusammen einen Hügel herab. Das macht Spaß und fördert die Koordinationsfähigkeit der Kinder.

3. Im Herbst

Nehmen Sie die Veränderungen in der Natur bewusst war. Das gelingt Ihnen, wenn Sie Kindern auch bei Regenwetter oder Nebel kurz erlauben, die Ärmel ihrer Jacken zurückzukrempeln. Denn Veränderungen lassen sich nicht nur sehen. Regen und Nebel lassen sich auch auf der Haut spüren. Veranstalten Sie eine Laubschlacht oder verstecken Sie einen Schatz aus Gummibärchen unter einem Laubhaufen und lassen Sie die Kinder danach suchen. Sammeln Sie mit den Kindern Kastanien, Eicheln etc. und bringen Sie diese in den nächsten Zoo oder in das nächste Wildgehege als Futter für den Winter! So können komplexe Zusammenhänge vermittelt werden.

4. Im Winter

Vielleicht haben Sie Glück und im Winter fällt viel Schnee. Mit diesem besonderen Material der Natur lassen sich herrliche Burgen und Skulpturen bauen. Veranstalten Sie mit den Kindern eine Schneeballschlacht. Wandern und schlittern Sie vorsichtig mit ihnen über gefrorenes Wasser. Bei einem schneelosen milden Winter machen Sie statt Spuren im Schnee eben Spuren im Matsch. Auch hier sind Kinder in ihrem Element.

Checkliste: So erleben Kinder die Natur bei jedem Wetter

	o. k.?
1▶ Alle Kinder haben regentaugliche Kleidung in der Kita, z. B. Gummistiefel und Matschhosen.	❏
Es gibt einen Unterstand im Freien, den Sie z. B. bei besonders starken Regengüssen –aufsuchen können.	❏
Sie haben dafür gesorgt, dass Kinder, die sich nicht so wohl fühlen, auch im Haus betreut werden können.	❏
Sie haben Wechselkleidung für die Kinder, damit sie sich bei Bedarf umziehen können, wenn sie z. B. durchnässt sind.	❏
Sie halten einen warmen Tee für die Kinder bereit, damit sie sich drinnen wieder aufwärmen können.	❏
2▶ Sie haben die Eltern darüber informiert, dass Sie mit den Kindern bei jedem Wetter rausgehen.	❏
3▶ Sie selbst haben die Haltung, dass Bewegung draußen bei jedem Wetter gut ist, und zeigen dies auch den Kindern, indem Sie z. B. positiv vom Wetter sprechen, statt Regen als „Mistwetter" zu bezeichnen.	❏
Sie besitzen selbst regenfeste Kleidung, wie Gummistiefel und Regenjacke, die Sie in der Kita dabeihaben.	❏
4▶ Sie bieten den Kindern genügend Bewegungsanreize, die sie auch bei Regen oder Schnee motivieren, z. B. Eimer, Becher, Rutschschalen usw.	❏
Sie haben Anregungen für Spiele im Freien zur Hand, damit Sie Kindern Vorschläge machen können.	❏
Sie planen Zeiten für Spiele und Bewegung draußen fest in Ihren Tagesablauf ein, so dass auch anstehende Feste oder alltägliche Aufgaben diese Zeit nicht einschränken.	❏

Checkliste CD-ROM

Gefühle wahrnehmen und zulassen

Gefühle sind meist bewusste, oft aber auch unbewusste Hilfen in der sozialen Kommunikation. Sie verbinden Menschen miteinander und helfen aber auch, sich voneinander zu distanzieren. Ein großer Teil der menschlichen Kommunikation findet nonverbal durch Ausdruck unterschiedlicher Gefühle in Mimik und Gestik statt.

7 starke Gefühle, die von den meisten Menschen fast auf die gleiche Art und Weise ausgedrückt werden, sind: Freude, Ekel, Verachtung, Überraschung, Angst, Wut und Trauer. Das sind gleichzeitig die Gefühle, mit denen Sie selbst und die Kinder im Alltag am häufigsten konfrontiert sind.

Kinder leben ihre Gefühle spontan aus

Kinder drücken ihre Emotionen oftmals körperlich und weitaus direkter und intensiver aus als Erwachsene. Zum einen fehlen ihnen noch die differenzierten verbalen Ausdrucksmöglichkeiten, zum anderen haben sie die gesellschaftlichen Regeln der Impulskontrolle, z. B. das Unterdrücken von Wut, Verheimlichen von Verachtung oder „Hinunterschlucken" von Ärger noch nicht gelernt. Sie „leben" ihre innere Welt ausdrucksstark und ungefiltert nach außen.

Kinder haben zunehmend Schwierigkeiten, Gefühlsäußerungen bei anderen sensibel wahrzunehmen und einzuordnen. Wie folgende Beispiele zeigen, reagieren sie oft nicht entsprechend auf Zeichen von Unmut oder Erschrecken bei anderen Kindern. So drücken manche Kinder andere in dem Bestreben, „lieb" sein zu wollen, besonders stark und lange, ohne am leidenden Gesichtsausdruck des anderen Kindes zu erkennen, dass es schon längst keine Freude mehr daran hat. Oder sie beginnen eine spaßhafte Auseinandersetzung und bemerken erst zu spät, nämlich wenn das andere Kind weint, dass es schon längst keinen Spaß mehr versteht.

So können Kinder lernen, Gefühle wahrzunehmen

Kinder müssen erst lernen, Empathie – also die Fähigkeit, die Gefühle anderer Menschen zu erkennen und angemessen darauf zu reagieren – zu entwickeln.

1 Mit Hilfe der „Kärtchen mit Gefühlsgesichtern" auf der gegenüberliegenden Seite können Sie die Kinder in 3 Schritten spielerisch an das Thema „Gefühle wahrnehmen" heranführen. Die Kinder haben so anschaulich vor Augen, welche Mimik ein Mensch zeigt, der z. B. Angst empfindet.

Schritt 1: Gefühle erkennen

Alle sitzen gemeinsam im Kreis. Fragen Sie die Kinder, welche Gefühle sie kennen. Oft nennen die Kinder häufig erlebte Emotionen wie Freude, Trauer und Wut. Tauschen Sie sich miteinander darüber aus, woher sie die benannten Gefühle kennen. Haben die Kinder das Gefühl selbst schon erlebt? Haben sie bei jemand anderem schon das beschriebene Gefühl bemerkt oder gesehen? Wenn ein Gefühl, beispielsweise Wut, von den Kindern benannt wird, legen Sie das „Kärtchen mit Gefühlsgesicht", dessen Mimik Wut zeigt, in die Mitte.

Schritt 2: Gefühlen nachspüren

Wenn einige Karten in der Mitte liegen, sprechen Sie darüber, wie die einzelnen Gefühle ausgedrückt werden. Die Kinder könnten z. B. äußern: *„Wenn ich traurig bin, muss ich oft weinen"* oder „Wenn ich wütend bin, werde ich ganz heiß und stampfe mit dem Fuß". Gefühle, die die Kinder nicht genannt haben, ergänzen Sie nun durch das entsprechende „Kärtchen mit Gefühlsgesicht" und besprechen es hinsichtlich der Fragen: *„Wann und aus welchem Grund könntet ihr dieses Gefühl spüren und wie könnte es sich bei euch äußern?"*

Schritt 3: Spiel „Memory der Gefühle"

Spielen Sie dann mit den Kindern zur Vertiefung der Thematik das lebendige „Memory der Gefühle".

Dazu müssen 2 Kinder, die später gegeneinander Memory spielen, den Raum kurzzeitig verlassen. Die anderen Kinder bilden „Gefühls-Paare". Das bedeutet, die eben besprochenen Gefühlskärtchen werden unter den Paaren aufgeteilt. Jedes Paar stellt dann durch entsprechende Mimik eines der Gefühle dar.

Die Partner dürfen kurz üben und ihren Gesichtsausdruck aufeinander abstimmen. Dann trennen sie sich und alle stellen sich frei durcheinander im Raum auf. Nun dürfen die beiden Spieler den Raum betreten. Sie spielen Memory nach den bekannten Regeln miteinander. Sie finden ihre Paare, indem sie die Kinder im Raum an der Schulter antippen. Diese zeigen daraufhin ihr „Gefühlsgesicht". Wenn ein Spieler 2 gleiche „Gefühlsgesichter" gefunden und benannt hat, stellt das Paar sich hinter ihm auf. Der Spieler, der am Ende die meisten Kinder hinter sich versammeln konnte, hat gewonnen.

Kopiervorlage: Kärtchen mit Gefühlsgesichtern

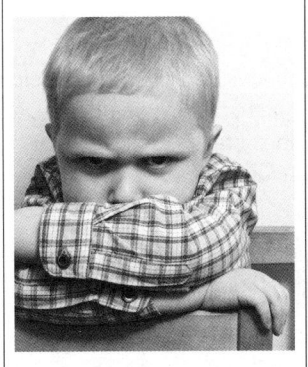

„Gefühle kneten" – So können Kinder Empfindungen plastisch ausdrücken

„Wie geht es dir?" Wenn Sie diese Frage Kindern stellen, bekommen Sie entweder die Antwort „Gut" oder „Schlecht". Kinder wissen häufig nicht so genau, wie sie ausdrücken sollen, was genau sie fühlen. Neben den 7 Basisemotionen gibt es auch noch Verbindungen aus verschiedenen Gefühlen. So kann z. B. aus der Kombination der Emotion Wut und Liebe zusammen das Gefühl der Rache entstehen.

Unterstützen Sie Kinder im Umgang mit ihren Gefühlen

Kinder können ihre Gefühle noch nicht bewusst kontrollieren. Sie handeln täglich viel stärker als Erwachsene aus ihren Gefühlen heraus. Fühlen sie sich z. B. unwohl, fangen sie an zu quengeln. Kinder brauchen Verarbeitungshilfen und Ventile für ihre Gefühle. So können sie lernen, ihre Erlebnisse zu verarbeiten. Unterstützen Sie die Kinder darin, ihre Gefühle angemessen auszuleben. Stellen Sie dem ärgerlichen Kind z. B. ein Kissen zum Boxen zur Verfügung, damit es nicht versucht ist, den Ärger durch Schubsen eines anderen Kindes abzureagieren.

Kinder haben oft noch keine Worte für verschiedene Empfindungen, da sie sich erst am Anfang ihrer Sprachentwicklung befinden. Aber sie haben andere Möglichkeiten, Gefühle auszudrücken. Gemeinsam mit den Kindern können Sie sich auf den Weg machen, Gefühle über die verschiedenen Sinne zu entdecken. Durch Tasten, Berühren und Bewegen erfahren die Kinder etwas über die Intensität der Gefühle. Stampfen oder Schlagen ist z. B. eine heftige Reaktion auf das große Gefühl der Wut. Durch den Einsatz von verschiedenen Materialien schaffen Sie motorische und ertastbare Erlebnisse mit Gefühlen für die Kinder.

1 „Kneten" Sie Gefühle

Um Kindern die Möglichkeit zu bieten, ihre Gefühle bildnerisch auszudrücken, eignet sich vor allem Knetmasse. Sie finden durch das Herstellen von Figuren, Symbolen oder auch durch die eigentliche Aktion des Knetens einen Weg, etwas darzustellen, das sie noch nicht formulieren können. Folgende Knetmassen eignen sich für das Formen und Ausdrücken von Emotionen:

- Ungiftige Knetmasse, die Sie in jedem Fachhandel für Spielsachen und Bastelmaterialien erwerben können. Achten Sie beim Kauf auf eine Qualität, die besonders weich und daher für kleinere Kinder leicht zu bearbeiten ist.

- Ton oder Lehm. Diese Naturmaterialien bekommen Sie in Künstlerfachgeschäften oder bei Keramikern. Zwar braucht es etwas Geduld und Kraft, um Ton zu bearbeiten. Aber eine fertige Skulptur lässt sich durch Brennen haltbar machen.

- Selbsthärtende Knetmasse, die an der Luft fest und haltbar wird. Diese ist eine Alternative zum Ton. Ist sie trocken, kann sie z. B. mit Wasserfarben noch bunt bemalt werden.

„Gefühle kneten" – So können Kinder Empfindungen plastisch ausdrücken

Stellen Sie mit Kindern Knetmasse selbst her

Besonders ansprechend für Kinder ist es, wenn sie die Masse zum Kneten selbst herstellen dürfen. Damit schaffen Sie schon bei der Herstellung des Materials eine wertvolle Sinneserfahrung für die Kinder.

Für selbst gemachte Knetmasse brauchen Sie:

- 1/2 Tasse lauwarmes Wasser

- 1/4 Tasse Salz

- 1 EL Öl

- 1EL Alaun (Mineralsalz, erhalten Sie in Apotheken und Drogerien)

- 2 Tassen Mehl

- Lebensmittelfarbe nach Belieben

Vermischen Sie erst das Wasser mit dem Salz, Öl und Alaun. Geben Sie nun die gewünschte Lebensmittelfarbe dazu. Zum Schluss fügen Sie das Mehl hinzu und verkneten alles zu einem glatten Teig. Bewahren Sie die Knetmasse in verschließbaren Dosen im Kühlschrank auf.

Plätzchenteig eignet sich ebenso zum Kneten. Verwenden Sie dazu am besten:

- 1 kg Mehl

- 500 g Butter

- 6 Eier

- 400 g Zucker

- 2 Päckchen Backpulver

- 2 Päckchen Vanillezucker

Zwar wird dieser Teig schnell weich und brüchig. Aber der Vorteil bei dieser Masse ist natürlich, dass Sie die Ergebnisse backen können. Anschließend können Sie gemeinsam die hergestellten „Gefühlskekse" vernaschen.

Nutzen Sie die folgenden Ideensammlung, um Kinder beim Kneten ihrer Gefühle anzuleiten. Nun steht Ihnen und den Kindern nichts mehr im Weg, Ihre Gefühle mit allen Sinnen zu erleben und durch Bewegung auszudrücken.

Tabelle: So können Gefühle mit Knetmasse ausgedrückt werden

Welches Gefühl?	Möglich Motive	Wie kneten?
Freude	■ Sonne als Symbol für Wärme und Licht ■ Kugel als Symbol, dass alles schön und gleichmäßig ist ■ „Konfetti", also viele kleine Knetestückchen, als Zeichen für Ausgelassenheit	■ Knetmasse mit streichenden, schwungvollen Bewegungen bearbeiten ■ Kugel und Knetestückchen durch runde, rollende Bewegungen herstellen
Angst	■ Kugel mit „Stacheln", d. h. mit Daumen und Zeigefinger an der Oberfläche der Kugel Knetmasse hochzupfen ■ „Monster" frei nach der Vorstellung jedes einzelnen Kindes	■ Vorsichtige, aber hektische Bewegungen ■ Monster besonders „schrecklich" ausgestalten, z. B. durch riesige Augen oder mit langen spitzen Zähnen
Liebe	■ Herz als Symbol für Liebe ■ „Handschmeichler", also ein gut in der Hand liegendes Knetmassestück, als Zeichen für angenehmes Gefühl der Verbundenheit	■ Ruhige, sanfte Knetbewegungen, die sozusagen die Knete streicheln ■ Nachfühlen während des Knetens, wie sich die Masse in der Hand anfühlt
Wut	■ Unförmiges Knetmassestück zum Schmeißen ■ Unförmiges Knetmassestück zum Quetschen und Eindrücken	■ Wilde, hektische Bewegungen ■ Knetmassestück auf den Boden schmeißen ■ Mit der Faust das Knetmassestück platt klopfen
Neugier	■ Scheibe oder Röhre mit Loch zum Durchsehen und Staunen	■ Knetmasseplatte um den Zeigefinger legen und die überlappenden Enden verstreichen, damit eine Röhre entsteht ■ Durch die Scheibe oder Röhre die Umgebung betrachten
Ungeduld	■ Platte zum Darauftrommeln mit den Fingern ■ Knetestücke, die sich gut zwischen den Fingern kneten lassen	■ Hektisch mit den Fingerspitzen auf die Knetmasseplatte tippen ■ Unruhig ein kleines Knetmassestück mit Daumen und Zeigefinger platt drücken

Tabelle CD-ROM

Aktion „Wut- und Glückswand"

Für das seelische Gleichgewicht der Kinder ist es wichtig, dass sie ihre Gefühle zulassen und äußern können. Freude, Wut, Trauer und Glück sind manchmal so stark, dass Kinder geradezu von ihnen überwältigt werden. Zu lernen, diese Gefühle zuzulassen und angemessen auszudrücken, ist eine schwierige Aufgabe. Kinder brauchen dazu Erwachsene, die diese Entwicklung achtsam und verständnisvoll begleiten.

Sie sind, neben den Eltern und engen Bezugspersonen, eine wichtige Begleiterin des Kindes in seiner sozialen und emotionalen Entwicklung. Nehmen Sie alle Gefühle der Kinder ernst und sprechen Sie Gefühle direkt an: „Ich sehe, du bist traurig …" Zeigen und sagen Sie den Kindern, dass Sie sie so annehmen und mögen, wie sie sind – mit guter oder schlechter Laune, wütend oder fröhlich.

Helfen Sie den Kindern, ihre Gefühle auch angemessen auszudrücken. Erklären Sie beispielsweise, dass sie, anstatt „Igitt, wie ekelig!" zu rufen, mit Anstand „Nein, das schmeckt mir nicht" sagen können. Trauen Sie den Kindern zu, mit ihren Gefühlen umzugehen, indem Sie beispielsweise nicht vorschnell bei Konflikten einschreiten, sondern den Kindern erlauben, sich auszuprobieren und zu einer guten Lösung zu kommen.

So machen Sie den Kindern Gefühle bewusst

Die Kinder müssen sich ihrer Emotionen bewusst werden und lernen, die eigenen Empfindungen sensibel zu beachten. Dann können sie sie auch beeinflussen und in sozialverträgliche Bahnen lenken.

Mit der Übung „Gefühle weitergeben" ermöglichen Sie den Kindern, verschiedene Gefühle spielerisch auszuprobieren und zu zeigen.

Übung: Gefühle weitergeben

Alle Kinder gehen durch den Raum. Sie beginnen damit, ein Gefühl deutlich zu zeigen, z. B. Freude, indem Sie hüpfen, lachen und „juhu!" rufen. Die Kinder nehmen Ihr Gefühl auf und ahmen es nach. Wenn alle mitmachen, klopfen Sie einem Kind auf die Schulter. Es darf nun das nächste Gefühl vormachen, das alle nachahmen, beispielsweise Trauer, indem es weint, die Schultern hängen lässt und die Augen reibt.

Kinder stellen ihre Emotionen dar

Freude und Wut sind starke Gefühle, die alle Kinder schon einmal erlebt haben. Daher können sich die Kinder im Spiel oder kreativen Ausdruck gut in diese Gefühle hineinversetzen und sie relativ spontan ausdrücken. Bieten Sie den Kindern an, die Gefühle Glück und Wut einmal so richtig „rauszulassen", und gestalten Sie eine „Wut"- und eine „Glückswand".

Das wird gebraucht:

- 2 große Plakate / Papiere oder 2 große Stücke einer unbedruckten Zeitungsrolle oder Tapete. Kleben Sie, wenn nötig, mehrere Lagen Papier aneinander. Je größer, desto besser

- Plakatfarben in hellen und dunklen Tönen

- Pinsel

- Malkittel / evtl. Überziehschuhe für die Kinder

- Musik für Glückswand (Naturgeräusche, Meditationsmusik etc.)

- Musik für die Wutwand (Rockmusik etc.)

So wird's gemacht

Wegen der sehr emotionsgeladenen Malerei geht es während des Malens mitunter etwas wild zu. Darum bietet es sich an, das Angebot im Freien durchzuführen. Befestigen Sie dann die Papiere an einer Schuppenwand o. Ä. Wenn Sie die Aktion im Haus durchführen wollen, decken Sie zunächst Boden und angrenzende Wände gut ab. Dann befestigen Sie die Papiere, in einiger Entfernung zueinander, an der Wand. Schützen Sie auch die Kleider der Kinder.

Besprechen Sie mit den Kindern, welche Farben ihrer Meinung nach zur Glückswand passen und welche Farben sie der Wutwand zuordnen würden. Stellen Sie die ausgewählten Farben dann zur entsprechenden Wand. Beginnen Sie mit der Wutwand, da dieses Gefühl mehr spontane Reaktionen hervorruft. Spielen Sie den Kindern die ausgewählte Musik vor und bitten Sie sie, dazu zu dirigieren. So kommen die Kinder gut in das „Wutgefühl" hinein.

Sie können die Kinder auch zum Sprechen animieren, z. B.: „Ich bin so wütend, ich bin stinksauer!" Dann greifen Sie zu Farbe und Pinsel. Sie wiederholen das Musikstück und bemalen dazu die Wutwand. Nach dem gleichen Prinzip verfahren Sie mit der Glückswand.

1 Zur Dokumentation des Projekts „Wut- und Glückswand" können Sie nebenstehenden Vordruck für das Interview mit den Kindern verwenden. Halten Sie dort nach dem Projekt die Aussagen jedes Kindes fest und hängen Sie die Interviews dann einfach zur „Wut- und Glückswand" dazu. Später können sie als Erinnerung ins Portfolio oder die Malmappe abgeheftet werden.

Interview mit Sebastian zur Aktion:

„Wut- und Glückswand"

Warst du schon einmal so richtig wütend?

Ja.

Warum?

Am meisten bin ich immer wütend, wenn der Mario mich nicht
mit den schönen Legosteinen bauen lässt.

Was machst du, wenn du wütend bist?

Manchmal weine ich und manchmal hau ich.

Warst du auch schon mal richtig glücklich?

Ja.

Warum?

Weil mein Papa mir einen echten Hasen mitgebracht hat.

Was machst du, wenn du glücklich bist?

Ich hab voll gelacht und mich gefreut.

Welches Bild hat dir beim Malen mehr Spaß gemacht?

Die Wutwand.

Hast du dich beim Malen so richtig wütend / glücklich gefühlt?

Ja, voll wütend und wild und heiß.

Welches Bild gefällt dir jetzt am besten?

Die Glückswand ist schöner.

Vielen Dank!

7. Teil: Stark sein heißt auch loslassen können – Kinder finden Entspannung

Kinder spielerisch zur Entspannung führen

Viele Kinder sind stark gefordert durch die zahlreichen Anforderungen in ihrem Leben, wie den Kitabesuch, Hobbys, Freizeitaktivitäten und den Konsum von Fernsehen und Computer. Sie brauchen, um ihren Alltag zu bewältigen, ein gewisses Maß an innerer Anspannung und anschließender Entspannung. Kinder, die nicht in der Lage sind, sich zu entspannen und wieder zu erholen, sind einem andauernden Erregungszustand ausgesetzt und dadurch unruhig und angespannt. Diese hohe physische und psychische Anspannung wird als Stress bezeichnet. Die Kinder leiden dann, ähnlich wie Erwachsene, unter Stress-Symptomen.

So können Sie auf Zeichen von Anspannung bei Kindern reagieren

1 Beobachten Sie die Kinder und achten Sie auf Anzeichen von Stress. Signale von Stress bei Kindern können beispielsweise folgende sein: Bauch- und Kopfschmerzen, Antriebsarmut, starke Unruhe, Aggressivität, Appetitlosigkeit / Übergewicht, Nägelkauen oder Einnässen. Sprechen Sie die Eltern des Kindes, bei dem Sie Anzeichen von übermäßiger Anspannung bemerken, im Elterngespräch darauf an.

2 Üben Sie regelmäßig mit den Kindern Anspannung und Entspannung bewusst wahrzunehmen und auf- bzw. abzubauen. Bieten Sie dazu häufig Angebote, wie z. B. unten aufgeführte Entspannungsübungen, Stilleübungen oder Bewegungsangebote, an.

3 Kinder brauchen aber auch im Alltag die Möglichkeit, sich selbst zu helfen, indem sie beispielsweise große Anspannung durch Bewegung abbauen oder Entspannung in ruhigen, reizarmen Räumlichkeiten finden können.

4 Kinder lernen am Vorbild. Achten Sie darum auch auf Ihr Verhalten, Ihre Mimik und Gestik in „stressigen" Situationen. Sprechen Sie mit den Kindern offen darüber, wenn Sie angespannt sind, zeigen Sie Formen der Entspannung auf und leben Sie sie vor.

Mit diesen Angeboten können Sie den Kindern helfen, Anspannung abzubauen:

Die Superman-Übung

In dieser Übung spüren die Kinder den Unterschied zwischen Anspannung und Entspannung. Sie liegen dazu entspannt auf dem Rücken. Fordern Sie die Kinder auf, sich nun vorzustellen, sie seien so stark wie ein Superheld, z. B. Superman. Als dieser Superheld ballen sie nun eine Hand ganz fest zur Faust. Sie sollen versuchen, die Faust dann noch ein wenig fester zusammenzudrücken und diese Spannung kurz zu halten.

Dann dürfen die Kinder die Faust wieder öffnen und die Hand ganz locker und entspannt wieder neben den Körper legen. Auch diese Entspannungszeit soll von den Kindern kurze Zeit bewusst wahrgenommen werden. Um sie einzuhalten, könnten sie beispielsweise leise bis 10 zählen. Genauso verfahren sie anschließend mit der anderen Hand. Diese Übung kann ausgeweitet werden auf Füße, Beine, Po oder Gesicht der Kinder.

Wer hat die besten Lauscher?

Diese Übung können Sie sehr gut im Freien, aber auch im Zimmer bei geöffnetem Fenster durchführen. Sie bitten alle Kinder, einmal ganz still zu werden. Wer möchte, kann die Augen schließen. Dann fordern Sie die Kinder auf, ihre Ohren auf besonders guten „Empfang" zu stellen. Jedes Kind soll für einen kurzen Zeitraum ganz besonders darauf achten, was es hören kann.

Nach Beenden der „Lauschzeit" tauschen sich alle darüber aus, was sie hören konnten.

Ballonkampf

Bei diesem Kampf können die Kinder mal so richtig „Dampf" ablassen, ohne dass sich jemand weh tut. Dazu benötigen Sie für jedes Kind einen Luftballon, der an einem Kunststoffstab, den es extra für Luftballons zu kaufen gibt, befestigt ist. Die Kinder bilden 2er-Gruppen und dürfen mit ihren Luftballons einen Ballonkampf veranstalten. Der Ballon darf dabei nur am Stab gehalten werden. Nun können sich die Kinder ihre Luftballons gegenseitig wortwörtlich „um die Ohren hauen", ohne dass dabei ein Verletzungsrisiko besteht. Beenden Sie den Kampf nach einiger Zeit mit einem vorher vereinbarten Zeichen wie beispielsweise einem Schlag auf den Gong.

Die Kuschelrunde

Für diese Runde benötigt jedes Kind eine Kuscheldecke oder ein Kissen. Sie setzen sich mit den Kindern in einem ruhigen Raum auf den Boden. Dort schlagen Sie eine Triangel oder Klangschale an. Solange der Ton des Instruments noch zu hören ist, dürfen die Kinder sich nun rund um Sie herum bequem hinlegen und einkuscheln. Wenn der Ton verklungen ist, sollen alle in ihrer Position ruhig liegen bleiben. Dann erzählen oder lesen Sie eine kurze fantasievolle Geschichte. Am Ende der Geschichte lassen Sie wieder den Ton erklingen, bei dem sich nun alle räkeln und strecken und wieder aufstehen dürfen.

Checkliste: Wie Sie Anspannung und innerer Unruhe bei Kindern begegnen können

	o. k.?
1 ▶ Sie nehmen Symptome wie Nägelkauen, starke Unruhe oder ungeklärte Bauchschmerzen als gesundheitliche Schwierigkeiten an und nehmen diese ernst.	❏
Sie sprechen in Elterngesprächen offen darüber, wenn Sie feststellen, dass ein Kind großer dauerhafter Anspannung ausgesetzt ist.	❏
Sie vermitteln den Eltern, dass „weniger manchmal mehr" ist in Bezug auf zu viele Freizeitaktivitäten, Kurse, Hobbys oder Medienkonsum ihrer Kinder.	❏
2 ▶ Sie schaffen in Ihren Bewegungsangeboten oder Turnstunden Raum und Zeit für bewusste Entspannung.	❏
Sie bieten den Kindern regelmäßig Übungen zur Entspannung, Stille und zum Abbau von Anspannung an.	❏
3 ▶ Sie gehen mit den Kindern – wann immer es möglich ist – nach draußen und ermöglichen entspannende Erfahrungen und Bewegung in der Natur.	❏
Sie achten darauf, dass es in ihrer Einrichtung auch außerhalb der Turnstunden genügend Möglichkeiten und Anregungen für die Kinder gibt, sich zu bewegen.	❏
Sie verfügen über ruhige, reizarme Räume oder Bereiche, in die sich Kinder, die Entspannung suchen, zurückziehen können.	❏
4 ▶ Sie selbst sind den Kindern Vorbild darin, wie Sie mit Stress umgehen. Sie sagen den Kindern beispielsweise, wenn Sie selbst unruhig sind oder Kopfschmerzen haben und etwas weniger Lärm vertragen können als üblich.	❏

Checkliste CD-ROM

Kinder schöpfen Kraft aus Naturerfahrungen

„Ist es ein lebendiges Wesen?", fragte einst Johann Wolfgang von Goethe, als er ein Gedicht über den Ginko-Baum verfasste. Was verbinden Sie mit dem Symbol „Baum"? Schon seit Menschengedenken wird der Baum als Symbol für Schutz, Zuflucht, Stärke und Sicherheit gesehen. In der Bibel finden wir ihn im Paradies als Baum des Lebens. Machen Sie sich dieses starke Symbol zunutze und tanken Sie mit den Kindern die Kraft des Baumes!

Sprechen Sie mit den Kindern darüber, was ein Baum für sie bedeutet. Bestimmt finden die Kinder eigene Assoziationen für diese starke Pflanze. Sammeln Sie Begriffe, wie z. B. groß, fest, stark, rau oder verwurzelt. Im Gruppenalltag können Sie sich mit dem Thema „Baum" vielfältig beschäftigen:

- Durch Bücher, die Baumgeschichten erzählen

- Durch Fantasiereisen zum Thema „Baum". Eine genaue Anleitung, wie Sie eine solche Entspannungseinheit planen und durchführen können, finden Sie ebenfalls in diesem Kapitel

- Durch Bewegungsspiele, die die Eigenschaften eines Baumes einbeziehen, z. B. fest wie ein Baum stehen, sich mit erhobenen Armen im Wind biegen usw.

Jedes Kind sucht sich einen Baum aus

Ein ganz besonders stärkendes Erlebnis für Kinder ist es, wenn sie die Kraft und Standfestigkeit eines Baumes selbst hautnah erfahren dürfen. Darum sollten Sie den Kindern ein echtes Erlebnis mit einem Baum ermöglichen. Machen Sie dazu mit den Kindern einen Spaziergang in einen nahe gelegenen Wald, auf eine Wiese mit Bäumen oder in den Park.

Betrachten Sie alle Bäume gut. Schließlich soll sich jedes Kind „seinen" Baum aussuchen. Damit es den Baum auch bestimmt wieder erkennt, können Sie um jeden Baum ein kleines Band aus Naturbast binden, an den Sie eine bunte Perle, eine Feder oder ein Stöckchen binden. Lassen Sie die Kinder selbst eine individuelle Kennzeichnung wählen. Das erleichtert die Suche, wenn Sie das nächste Mal wiederkommen.

Den Baum „kennen lernen"

Kinder begreifen ihre Umwelt mit allen Sinnen. Darum ist es wichtig, dass sie die Gelegenheit bekommen, ihren Baum zu berühren, zu riechen und zu beobachten. Die Kinder werden staunen, was es alles zu sehen und zu erfahren gibt. Und sie können einen Teil der Stärke und Kraft des Baumes mit in den Tag nehmen. So setzen Sie diesen Gedanken mit den Kindern um:

1 **1. Kleine Baum-Entdecker**

Geben Sie den Kindern Aufträge, was sie alles über ihren Baum in Erfahrung bringen sollen. Dazu teilen Sie Symbolkärtchen mit den Beobachtungsaufgaben aus. Eine Kopiervorlage hierzu finden Sie nebenstehend. Fordern Sie die Kinder auf, folgenden Aufgaben und Fragen nachzugehen:

- „Bring einen kleinen Ast von deinem Baum."
- „Bring ein Blatt von deinem Baum."
- „Wie riecht der Baum?"
- „Wie fühlt sich seine Rinde an?"
- „Was hörst du an und bei deinem Baum?"
- „Welche Tiere siehst du an und bei deinem Baum?"

Sammeln Sie gemeinsam die Schätze und Entdeckungen und staunen Sie darüber!

2. Maße und Größe erkunden

Lassen Sie die Kinder Maße und Größe des Baumes mit dem eigenen Körper erfahren. Fordern Sie dazu die Kinder auf:

- „Wie hoch ist dein Baum? Leg deinen Kopf in den Nacken und schau nach, ob du bis zum höchsten Ast sehen kannst."
- „Wie dick ist dein Baum? Kannst du ihn allein umfassen? Wenn nicht, dann hol dir einen Freund dazu. Wie viele Kinder brauchst du, damit eure Arme um den Baum reichen?"
- „Wie fest ist dein Baum? Lässt er sich bewegen? Drücke mit deinen Händen oder mit deinem Rücken ganz fest dagegen."

3. Veränderungen wahrnehmen

Damit Kinder sich gut an den Zustand ihres Baumes beim letzten Besuch erinnern, machen Sie am besten ein Foto von jedem Baum. Jedes Kind stellt sich für das Bild vor den Baum. So können Sie auch die jahreszeitlichen Veränderungen des Baumes erkennen. Mit den Fotos können sie den Eltern eine „Mein Baum gibt mir Kraft"- Collage vorstellen. Dafür kleben Sie alle Bilder zusammen auf ein Plakat und lassen die Kinder Blätter als Verzierung an den Rand des Posters malen.

Nehmen Sie sich mit den Kindern den Baum zum Vorbild: Seien Sie fest verwurzelt in der Erde, also standfest und stark. Aber haben Sie biegsame Äste, die Wind und Wetter aushalten. Geben Sie auch einmal nach und beugen sich in eine andere Richtung.

Kopiervorlage: Anleitungskarten zu Baumerfahrungen mit Kindern

„Suche einen Ast von deinem Baum."

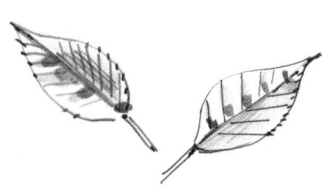

„Sammle ein Blatt von deinem Baum."

„Wie riecht dein Baum?"

„Wie fühlt sich die Rinde deines Baumes an?"

„Was hörst du an und bei deinem Baum?"

„Welche Tiere siehst du an und bei deinem Baum?"

Fantasiereise „Ich bin stark wie ein Löwe!"

Haben Sie Lust auf eine Reise? Das hört sich ganz nach Urlaub und Ferien an. Diese Gedanken lösen vermutlich Wohlbehagen bei Ihnen aus. Durch eine Reise in der Fantasie können Sie auch den Kindern Entspannung und Stärkung schenken. Das ist in der heutigen Zeit, in der Stress und Hektik schon den Alltag der Kinder bestimmen, ein guter Ausgleich. So beugen Sie Konzentrationsproblemen, Aggressivität und Unruhe vor oder lindern bereits vorhandene Stresssymptome bei Kindern.

Damit eine Fantasiereise für Kinder wirklich Entspannung und Ruhe vermittelt, ist es wichtig, einiges zu beachten. Sie sollten die Kinder bereits gut kennen. So können Sie einschätzen, was Sie den Kindern zutrauen können, z. B. wie lange die Fantasiereise sein darf. Erklären Sie den Kindern kurz, dass bei einer Fantasiereise eine Geschichte über eine Reise oder ein Erlebnis erzählt wird.

In Gedanken geht man den erzählten Weg mit und kann dadurch entspannen. Durch die Vorstellungskraft entstehen positive Gefühle, die Kindern zu einem Wohlbefinden verhelfen. Wenn Kinder wissen, was auf sie zukommt, fällt es ihnen leichter, sich zu entspannen. Mit folgendem Vorgehen kann eine Entspannungsgeschichte besonders ausgleichend und stärkend auf Kinder wirken:

1. Sorgen Sie für eine ruhige Umgebung

Suchen Sie mit den Kindern einen Raum auf, in dem es wenig Nebengeräusche, wie z. B. Verkehrslärm, gibt. Achten Sie darauf, ruhig und leise zu sprechen. Kinder können gut im Liegen entspannen. Darum sollten in dem Raum Decken oder Matten vorhanden sein. Mit ruhiger Musik und gedämpftem Licht mindern Sie die Reize, die auf die Kinder einwirken. Der Raum sollte warm und gemütlich sein.

2. Lassen Sie die Kinder wählen

Stellen Sie es den Kindern frei, bei der Fantasiereise mitzumachen. Nur wer freiwillig etwas Neues ausprobiert, kann entspannt an die Situation herangehen. Überlassen Sie es den Kindern selbst, ob sie liegen oder lieber sitzen wollen. Geben Sie den Kindern die Anregung, die Augen zu schließen. Will ein Kind die Augen offen lassen, braucht es vielleicht noch Zeit, sich an dieses Angebot zu gewöhnen. Dann kann das Kind auch erst einmal versuchen, seinen Blick einfach zur Zimmerdecke zu richten.

3. Verhelfen Sie den Kindern zur Ruhe

Bevor Sie mit der eigentlichen Geschichte beginnen, geben Sie den Kindern Impulse, um in einen Entspannungszustand zu kommen. Sagen Sie z. B.: „Du fühlst dich wohl und entspannt. Du wirst ruhig. Es geht dir gut." Wiederholen Sie diese Einführung 3- bis 4-mal mit einer ruhigen, leisen Stimme.

Fantasiereise „Ich bin stark wie ein Löwe!"

4. Lassen Sie den Kindern Zeit

Legen Sie während der einführenden Worte und auch beim Lesen der Geschichte immer wieder Pausen ein. Erzählen Sie langsam, leise und ruhig. So hat das Kind Zeit, Bilder entstehen zu lassen. Erst dadurch kann sich die positive Wirkung einer Fantasiereise einstellen.

5. Wählen Sie starke Bilder

1 Besonders stärkend ist eine Fantasiereise für Kinder, wenn bei ihnen Bilder entstehen, die sie ermutigen. Verwenden Sie Symbole für Kraft und Stärke, z. B. Löwen, Pferde, aber auch Naturereignisse wie Sonne oder Wind. So verhilft die Übung Kindern nicht nur, zur Ruhe zu kommen. Sie gibt auch neuen Mut. Nebenstehend finden Sie eine Fantasiereise mit dem Titel „Ich bin stark wie ein Löwe!"

6. Sorgen Sie für ein aktives Ende der Geschichte

Wollen Sie eine Entspannungsgeschichte frei erzählen, achten Sie darauf, dass der Schluss wieder in der Realität spielt. Dabei helfen Ihnen Formulierungen, wie: „Jetzt bist du wieder hier in der Kita. Hallo, willkommen!" So können die Kinder wieder auftauchen aus ihrer tiefen Entspannung und sich langsam einstellen auf ihre Umgebung und den Alltag. Nach der Fantasiereise können Sie den Kindern anbieten, ihre Erlebnisse in einem Bild zu malen.

7. Geben Sie Gelegenheit, über Erlebtes zu sprechen

Achten Sie darauf, dass nach der Fantasiereise noch genügend Zeit für einen Austausch bleibt. Fragen Sie bei den Kindern nach, ob jemand erzählen mag, was er gerade erlebt hat. Hören Sie gut zu, zeigen Sie Interesse an den Eindrücken des Kindes durch Nicken, Nachfragen und freundliches Lächeln.

8. Lassen Sie selbst eine Fantasiegeschichte erfinden

Trauen Sie den Kindern zu, eine eigene Fantasiereise zu erzählen und mit anderen auszuprobieren. Sie können die Kinder unterstützen, indem Sie ihnen einen Rahmen zur Geschichte geben, z. B. „Ein Kind läuft über eine Wiese" oder „Du gehst durch den Schnee". Eigene Geschichten spiegeln ganz individuelle Wünsche und Ängste wider und haben so eine ganz besonders intensive Wirkung.

Fühlst du dich wohl und entspannt? Dann machen wir heute einen Ausflug in deiner Fantasie.
Wir sind ganz weit weg von hier in einem wunderschönen, grünen Dschungel.

Riechst du die frische Luft in dem Urwald? Geh ruhig ein paar Schritte vorwärts. Schau dich um.
Hier gibt es hohe Bäume. Auf dem Boden wachsen viele Pflanzen. Sie fühlen sich ganz weich
an, wenn du darüberläufst.

Horch doch mal. Hörst du die Vögel?
Viele bunte Vögel flattern und zwitschern hoch oben in den Bäumen und in der Luft.

Hinter einem Baum siehst du etwas Braunes.
Du gehst näher heran und entdeckst einen großen schlafenden Löwen.
Er ist groß und er schnurrt leise im Schlaf. Du spürst seine Ruhe und seine Kraft.

Heute darfst du dir etwas wünschen. Du möchtest gerne für einen Tag ein Löwe sein.
Wie von Zauberhand liegst du jetzt auf dem Boden. Genau an der Stelle, an der der Löwe vorher
lag. Du schaust an dir herunter und siehst, dass du ein weiches braunes Fell hast.

Statt Hände und Füße hast du 2 große kräftige Tatzen. Langsam stehst du auf.
Du fühlst dich stark und kräftig. Auf allen vieren gehst du einige feste Schritte vorwärts.
Vielleicht hast du Lust, ein bisschen umherzuwandern. Schau dich um.
Alle Tiere sehen dich bewundernd an, weil du so ein starker Löwe bist.

Wenn du willst, kannst du nun versuchen loszulaufen. Spürst du die Kraft, die in dir steckt?
Du machst erst ein paar kleinere Schritte. Dann werden sie immer größer.
Kraftvoll stößt du dich vom Boden ab. Mit riesigen Sprüngen jagst du durch den Dschungel.
Du bist schnell und voller Stärke.

Genieße es, so durch den Dschungel zu laufen. Du fühlst dich sicher und gut. Du traust dich,
immer schneller zu rennen. Fühlst du, wie der Wind dein Fell zerzaust?

Jetzt wirst du wieder langsamer. Du bremst deinen Lauf ab und gehst die letzten Schritte.
Nun suchst du dir eine schöne Stelle, wo du dich hinlegen kannst. Hast du eine gefunden?

Schüttle deine Vorder- und Hinterbeine leicht aus, damit sie locker werden nach dem schnellen
Lauf. Nun verwandelst du dich wieder zurück in ein Kind. Mach dich wieder auf den Heimweg.

Komm wieder zurück mit deinen Gedanken in unsere Kita.
Die Reise in den Dschungel ist für heute vorbei. Vielleicht magst du ja ein anderes Mal hinreisen
und sehen, ob du den Löwen noch mal entdecken kannst. Nun bist du angekommen. Setz dich
ruhig auf. Streck dich so richtig fest. Hallo, schön, dass du wieder da bist!

Tipp: Nutzen Sie die Absätze für kurze Pausen. So hat das Kind Zeit, sich in der Fantasie den einzelnen
Schritten anzuschließen und sich alles vorzustellen.

Träumen Sie sich mit den Kindern in Fantasiewelten

Sicher kennen Sie den Ausdruck „Tagträumer". Kinder sind Tagträumer. Sie besitzen die Fähigkeit, nicht nur nachts zu träumen, sondern sich auch tagsüber in fantasievolle Traumwelten zurückzuziehen. Träume sind Gedanken und Gefühle in Bildern ausgedrückt. Kinder genauso wie Erwachsene verarbeiten in Träumen ihre Ängste und Wünsche.

Durch die Träume der Kinder lernen Sie sie mit all ihren Sorgen, Ängsten, aber auch Freuden und Wünschen besser kennen. Sie können sich auf unterschiedliche Art und Weise mit den Traumwelten der Kinder befassen.

1 Lassen Sie die Kinder von ihren Träumen erzählen. Sie stärken damit die Fähigkeit der Kinder, ihre inneren Bilder auszudrücken, und fördern ihre Sprachkompetenz.

2 Finden Sie kreative Ausdrucksformen, z. B. im künstlerischen Gestalten, für die kindlichen Traumbilder. Wenn Kinder ihre Gefühle und Gedanken noch nicht in Worte fassen können, haben sie so die Möglichkeit, ihren Träumen sichtbar Ausdruck zu verleihen.

Die Kinder gehen auf Traumreise

Entführen Sie die Kinder in 3 Schritten ins Traumland „Unter Wasser".

Das wird gebraucht:

- 1 CD-Player

- 1 Dose Babypuder

- 1 Kosmetikpinsel

- Evtl. Matten oder Decken

- 1 Triangel

Schritt 1: Die Reise ins Traumland

Damit die Kinder durch ihre Traumerfahrungen in entspannte Stimmung kommen, sollte das Angebot in einem möglichst ruhigen Raum mit gedämpftem Licht stattfinden. Dort legen sich die Kinder ganz bequem auf den Teppichboden (oder auf Matten oder Decken) und schließen die Augen.

Sie können begleitend leise meditative Musik spielen, damit die Kinder leichter entspannen. Wenn manche Kinder zu Beginn solcher Ruheangebote Schwierigkeiten haben, ruhig zu werden, und andere Kinder berühren oder kichern, ignorieren Sie diese Störungen, so gut es geht. Sie legen sich später oftmals von allein.

Erzählen Sie den Kindern nun, dass Sie gemeinsam einen Traum träumen wollen und sie auf eine kurze Reise ins Traumland mitnehmen. Jedes Kind, das gleich mit dem traumhaft duftenden Traumpuder bestäubt wird, kann mit auf die Reise gehen. Dann berühren Sie die Kinder nacheinander mit dem in Babypuder getauchten Kosmetikpinsel leicht an der Hand, Wange, am Hals oder der Stirn.

Schritt 2: Gemeinsam träumen

Wenn alle Kinder im Traumland sind, beginnen Sie, die Kinder zum Träumen anzuregen. Sprechen Sie langsam mit ruhiger Stimme und geben Sie zwischen den Sätzen den Kindern Zeit, in der Stille ihre inneren Bilder zu entwickeln und nachzufühlen.

„Stell dir einmal vor, du hast einen wunderschönen Traum. Du fühlst dich wohl und es geht dir gut. In deinem Traum siehst du nette Menschen, die gemeinsam mit dir etwas erleben. Schau dich um. Wer ist in deinem Traum bei dir? Wo bist du gerade? Schau genau hin, was du alles sehen kannst. Es geht dir gut. Du bist glücklich und fühlst dich geborgen. Was erlebst du gerade? Du bist fröhlich und gut gelaunt. Viele schöne Dinge kannst du sehen und hören. Dir gefällt es dort, wo du bist. Schau dich noch ein letztes Mal um. Merke dir, was du alles siehst. Denke noch einmal daran, was du Schönes erlebst. Jetzt verabschiede dich von deinem Traum und komm zurück in unsere Kita. Strecke und räkle dich ein wenig und öffne die Augen wieder."

Schritt 3: Zurück aus dem Traumland

Wenn alle Kinder wieder in der Kita angekommen sind, setzen sie sich auf und jedes Kind darf erzählen, wo und was es in seinem Traum war. Dabei ist es wichtig, dass Sie nachfragen, wie sich das Kind in der persönlichen Traumsituation gefühlt hat und was ihm besonders daran gefallen hat. Dazu bekommt das Kind, das erzählen möchte, die Triangel. Es schlägt den Ton an, spricht und gibt die Triangel an das nächste Kind weiter, das für sich den Ton anschlägt.

Tabelle: Ausdrucksmöglichkeiten von Träumen

Über Träume sprechen

Die Traumge-schichte	Ein Kind beginnt die Traumgeschichte zu erzählen mit dem Satz: *„Heute Nacht habe ich geträumt, ich wäre ein Schmetterling."* Ein anderes Kind spinnt die Geschichte weiter und ergänzt: *„Ich hatte Hunger und flog auf eine riesengroße Sonnenblume."* Das nächste Kind macht weiter: *„Da kam plötzlich eine Libelle geflogen."* So ergänzt jedes weitere Kind die Traumgeschichte um einen möglichst fantasievollen Satz.
Mein größter Traum	Alle Kinder sitzen im Kreis. In der Mitte steht eine Schale, die mit kleinen Steinchen gefüllt ist. Sie beginnen, indem Sie von der guten Märchenfee erzählen, die oftmals in Märchen den Menschen 3 Wünsche gewährt. Die Kinder sollen sich nun überlegen, was sie sich wünschen würden, wenn eine gute Fee ihnen 3 Wünsche erfüllen würde. Nun darf reihum jedes Kind einen Wunsch nennen und dazu ein Steinchen aus der Schale in der Mitte herausnehmen, bis jedes Kind 3 Steinchen in der Hand hält. Diese „Wunschsteine" darf anschließend jedes Kind mit nach Hause nehmen und aufbewahren. Vielleicht geht solch ein inniger Wunsch bald in Erfüllung?

Träume darstellen

Träume sind Schäume	Decken Sie einen Tisch mit fester Kunststofffolie ab. Die Kinder stellen sich rund um den Tisch auf. Sprechen Sie mit den Kindern über den Satz: Träume sind Schäume. Sie können Impulsfragen dazu stellen: *„Was passiert mit Schaum in der Badewanne mit der Zeit? Kann Schaum jede Form annehmen?"* Erklären Sie dazu, dass man in Träumen in jede Rolle schlüpfen und alles Mögliche und Unmögliche passieren kann. Aber wenn man aufwacht, ist der Traum vergangen und der nächste Traum kann ganz anders werden. Geben Sie dann jedem Kind etwas Rasierschaum in die Hände. Mit diesem Schaum dürfen die Kinder nun Traumbilder oder Muster auf die Folie malen. Jedes Bild kann mehrmals verändert oder neu gestaltet werden. Die Bilder können auch miteinander in Kontakt kommen. Am Ende der Aktion gehen alle Kinder um den Tisch, um die Bilder zu betrachten und Fragen dazu zu stellen. Sammeln Sie gemeinsam Begriffe zu den Bildern, wie „traumhaft schön, ein Traum-schloss, verträumt, Alptraum, Wunschtraum" etc.
Traumtänzer	Alle Kinder liegen ruhig mit geschlossenen Augen auf dem Boden und entspannen. Im Hintergrund läuft leise, beruhigende Musik. Ein Kind hat ein Chiffon- oder Seidentuch in der Hand. Es beginnt den Traumtanz, indem es zur Musik langsam und verträumt um die Kinder am Boden tanzt. Wenn es eine Zeit lang getanzt hat, legt es das Tuch sachte auf ein am Boden liegendes Kind. Dieses ist nun der Traumtänzer und löst das 1. Kind ab usw. Wer nicht tanzen möchte, gibt das Tuch einfach an ein anderes Kind weiter.
Traumwand	Suchen Sie im Eingangsbereich Ihrer Einrichtung eine „Traumwand" aus und gestalten Sie diese mit den Kindern traumhaft schön aus. Beispielsweise indem Sie die Wand mit einem Rahmen aus kleinen Wattewölkchen oder bunten Seidentüchern versehen. Fragen Sie dann die Kinder, was sie sich wünschen oder erträumen würden, wenn eine gute Fee ihnen 3 Wünsche frei geben würde. Diese Wünsche darf jedes Kind auf 3 kleine farbige Zettel in Wölkchenform aufmalen und an der Wand anbringen. Bitten Sie in den nächsten Tagen auch die Eltern, Wünsche zu notieren und dort anzubringen. So entstehen sicher viele schöne Gesprächsanlässe zwischen Ihnen, den Eltern und den Kindern.

Gefühle pantomimisch darstellen

Der berühmte, bereits verstorbene französische Pantomime Marcel Marceau sagte einmal: „Man braucht keine Worte, um zu zeigen, was man auf dem Herzen hat." Unser Körper spricht seine eigene Sprache. Immer wenn Menschen zusammenkommen, reden sie miteinander, auch wenn sie gar nichts sagen. Der Körper verrät unsere Gefühle und Stimmungen. Diese nonverbalen Botschaften haben eine große Wirkung auf unser tägliches Leben.

Weil unser Körper niemals schweigt, sollten Sie sich mit den Kindern mit dieser Form des Ausdrucks, also mit der Körpersprache, beschäftigen. Wer die Sprache seines eigenen und des anderen Körpers versteht, geht anders mit Situationen um. Beispielsweise haben selbstbewusste Kinder oft eine aufrechte Körperhaltung, während unsichere Kinder häufig mit gebeugtem Rücken und hochgezogenen Schultern stehen und gehen. Andersherum betrachtet heißt das auch: Nehmen Kinder eine selbstbewusste Haltung ein, gewinnen sie an Selbstsicherheit.

Spielen Sie mit den Gefühlen

Damit Kinder einen Eindruck von der Vielfältigkeit verschiedener Gesten, Haltungen und Zeichen ihres Körpers bekommen, können Sie sie spielerisch damit vertraut machen. Dadurch stärken Sie die Körperwahrnehmung der Kinder. Außerdem lernen sie Körperhaltungen kennen, die ihnen dabei helfen, sich in schwierigen Situationen, z. B. als neues Kind in einer Gruppe, sicherer und mutiger zu fühlen.

Gespielt – gefühlt

Treffen Sie sich mit den Kindern in einem Raum, der viel Bewegungsfreiheit bietet. Erklären Sie ihnen vorher, dass das Spiel ohne Worte gespielt wird. Stellen Sie sich im Zimmer verteilt auf. Nun fordern Sie die Kinder zu bestimmten Haltungen auf. Sie können sie z. B. bitten:

■ „Stelle dich fest auf den Boden. Die Beine sind leicht auseinander. Stemme die Arme in die Seiten. Recke das Kinn nach vorn." So signalisieren Kinder Selbstbewusstsein.

■ „Ziehe die Schultern hoch. Nimm das Kinn zur Brust." Hier nehmen Kinder eine unsichere Haltung ein.

■ „Breite die Arme aus. Die Handflächen zeigen nach oben." Diese Körperhaltung signalisiert Freude.

■ „Ziehe den Bauch ein. Ziehe einen Fuß über Kreuz hinter den anderen Fuß." Das Kind zeigt so, dass es sich ängstlich fühlt.

Fragen Sie die Kinder, während sie in der jeweiligen Haltung verharren, wie es ihnen geht. Sie und die Kinder werden feststellen, dass man sich auch unsicher fühlt, wenn man eine unsichere Position einnimmt. Bei unangenehmen Gefühlen fragen Sie die Kinder: „Wie würdest du lieber da stehen?" Schließen Sie diese Übung mit einer selbst gewählten „Wohlfühlhaltung" ab, d. h., lassen Sie jedes Kind entscheiden, welche Position es nun gerne einnehmen möchte.

Pantomime auf Knopfdruck

Alle Kinder bewegen sich im Raum. Lassen Sie dazu beschwingte Musik, z. B. Kinderlieder, abspielen. Stoppen Sie die Musik und rufen Sie den Kindern ein Gefühl zu, z. B. Wut, Ekel oder Freude. Nun sollen die Kinder sofort dieses Gefühl als Pantomime darstellen. Es macht Spaß, die Darstellungen der anderen dabei zu betrachten. Sobald Sie die Musik wieder einschalten, lösen sich die Kinder aus ihrer Rolle und bewegen sich wieder leicht und locker durch den Raum.

„Stille Post" als Pantomime

Alle Kinder stehen hintereinander in einer Reihe. Flüstern Sie dem Kind am hinteren Ende der Schlange ein Gefühl ins Ohr. Das Kind tippt seinen Vordermann auf die Schulter und beginnt, das gesuchte Gefühl pantomimisch darzustellen. Meint das Zuschauerkind verstanden zu haben, um welches Gefühl es geht, nickt es und tippt wiederum seinem Vordermann auf die Schulter. Nach und nach drehen sich alle Kinder um. Das 1. Kind in der Reihe bekommt als letztes die Pantomime vorgespielt. Welches Gefühl ist bei ihm angekommen?

1 Beachten Sie bei allen Übungen und Spielen auch Ihre eigene Körpersprache. Ebenso sollten Sie im Alltag immer ein Augenmerk darauf haben, was Sie ohne Worte Kindern und Kollegen vermitteln. Weil unsere Botschaften meist unbewusst gesendet werden, ist die Körpersprache die ehrlichste Form der Äußerung.

Selbsttest: Was sagen Sie ohne Worte?

1. Wenn Sie morgens in die Einrichtung kommen,
   A) betreten Sie das Gebäude meist beschwingt und lächelnd.
   B) haben Sie die Arme vor der Brust verschränkt und gähnen.
   C) runzeln Sie die Stirn und grübeln, was Sie wohl heute wieder erwarten wird.

2. Das 1. Kind kommt auf Sie zu.
   A) Sie gehen in die Hocke und schauen dem Kind in die Augen.
   B) Sie geben dem Kind die Hand und blicken sich nach der Mutter des Kindes um.
   C) Sie gehen schnell an dem Kind vorbei, weil meist dann das Telefon klingelt.

3. Eine Kollegin möchte Ihnen etwas sagen.
   A) Sie drehen Ihren Körper zu Ihrer Kollegin und öffnen die Augen ein wenig mehr.
   B) Sie schauen Ihre Kollegin an und warten.
   C) Sie schlagen die Beine übereinander und verschränken die Arme vor der Brust.

4. 2 Kinder streiten sich.
   A) Sie stehen von Ihrem Platz auf und eilen zu den Streitenden.
   B) Sie stehen langsam auf und blicken mit etwas mehr geöffneten Augen zu den Streitenden.
   C) Sie legen die Stirn in Falten und atmen laut aus.

5. Ein Kind möchte Ihnen ein selbst gemaltes Bild schenken.
   A) Sie lächeln und strecken Ihre Hände mit der Handfläche nach oben dem Kind entgegen.
   B) Sie sehen das Kind an, nicken und nehmen das Bild.
   C) Sie nehmen das Bild und legen es beiseite, während Sie nach den anderen Kindern sehen.

6. In der Teambesprechung wird über ein Thema diskutiert. Eine Kollegin, die eine andere Meinung hat als Sie, meldet sich zu Wort.
   A) Sie heben Ihre Augenbrauen, suchen Blickkontakt zur Kollegin und drehen Ihren Oberkörper ihr zu.
   B) Sie drehen Ihren Oberkörper der Kollegin zu, verschränken die Arme und schließen kurz die Augen.
   C) Sie drehen Ihren Oberkörper von der Kollegin weg und halten sich mit beiden Händen an den Armlehnen oder der Sitzfläche Ihres Stuhles fest.

Auswertung:

Ist Ihre häufigste Antwort

A), fühlen Sie sich in Ihrer Einrichtung sehr wohl. Sie strahlen eine positive Grundhaltung aus und sind offen gegenüber Kindern und Kolleginnen. Behalten Sie sich diese Einstellung bei, denn damit tun Sie sich und anderen gut!

B), sind Sie interessiert an Ihrer Arbeit, Ihren Kolleginnen und den Kindern. Geht es Ihnen einmal nicht so gut, fühlen Sie sich gestresst oder angegriffen, zeigt Ihr Körper das ganz deutlich. Achten Sie auf diese Signale! So können Sie frühzeitig für sich sorgen, indem Sie eine kleine Pause einlegen. Dann wird Ihr Körper auch wieder Signale der Offenheit und des Interesses aussenden.

C), sagt Ihr Körper deutlich, dass Sie unzufrieden und ärgerlich sind. Vielleicht sind Ihnen die derzeitigen Anforderungen über den Kopf gewachsen. Sprechen Sie doch in einer Teambesprechung einmal offen und ehrlich an, was Sie belastet. Manchmal lassen sich Probleme auf diesem Weg schnell lösen. Dann kann Ihr Körper auch wieder positive Signale senden.

Pantomimische Rollenspiele

Ob an Fasching / Karneval oder im Rollenspiel – Kinder lieben es, in neue Rollen zu schlüpfen und sich darin auszuprobieren. Im Spiel können sie jede Rolle einnehmen. Sie können nachempfinden, wie sich ein Ritter fühlt, oder sie können eine verspielte Katze darstellen. Auch Feuer oder ein wilder Sturmwind können im kreativen Spiel ausgedrückt werden.

Solch ein darstellendes Spiel macht Kindern sehr viel Freude. Es lässt sie aber auch neue Aspekte ihrer Persönlichkeit kennen lernen und ausprobieren. Sie können den Kindern mit einem pantomimischen Ausdrucksspiel jederzeit ohne großen Aufwand die Möglichkeit geben, sich im Spiel zu entfalten. Lange Vorbereitungen, Texte einüben oder die Furcht, etwas falsch zu machen, entfallen dabei. Denn die Kinder spielen frei zu einem Text, den Sie lesen oder frei vortragen.

Pantomimisches Ausdrucksspiel ist pure Lust am Spielen

Ein pantomimisches Ausdrucksspiel lebt, im Gegensatz zum eingeübten Theaterstück, von der spontanen Lust am Spielen. Das Spiel ist Selbstzweck, daher kommt es auch ohne Zuschauer aus. Jedes Kind spielt für sich – zur eigenen Freude. Richtig oder falsch gibt es nicht. Ebenso wenig konkrete Spielanweisungen von einem Regisseur. Im Ausdrucksspiel darf sich jedes Kind seine Rolle selbst aussuchen. Wenn mehrere Kinder eine Rolle gerne spielen möchten, können Sie diese mehrfach besetzen. Sie selbst übernehmen die Rolle des Erzählers und sprechen den Text, zu dem die Kinder spielen. Im Folgenden sehen Sie, was Sie zum Ausdrucksspiel benötigen und wie sich der Spielverlauf darstellt.

Das wird gebraucht

- Decken und Kissen

- Viele verschiedene Tücher und große Stoffe

- Requisiten, wie Hüte, Taschen und Schmuck

- Wäscheklammern

- 1 Gong, Triangel o. Ä.

So führen Sie die Kinder durch das Spiel

1 Zu Beginn stellen Sie das Thema vor, zu dem die Kinder anschließend spielen werden. Das könnte ein kleines Rollenspiel sein (siehe gegenüberliegende Seite: „Vom Wachsen der Sonnenblume"), eine Geschichte oder ein Bilderbuch (z. B. „Wo die wilden Kerle wohnen" von Maurice Sendak) oder auch ein Gedicht (z. B. „Der Wind" von Josef Guggenmos).

2 Wenn das Thema vorgestellt wurde, darf sich jedes Kind eine Rolle im Spiel aussuchen. Dabei sind Mehrfachbesetzungen möglich. Auch können Kinder die Rolle eines statischen Gegenstandes, z. B. eines Steins, wählen oder einfach nur zuschauen.

3 Nun verkleiden sich die Kinder mit Hilfe der Stoffe, der Requisiten und der Wäscheklammern für ihre Rolle. Wenn nötig, können an dieser Stelle auch kleine Umbauten, z. B. das Gestalten einer Höhle oder eines Baumes, aus Tischen, Stühlen, sonstigem Mobiliar und Tüchern stattfinden. Nun besprechen Sie kurz den Spielverlauf und die Kinder suchen sich eine Position im Raum, von der aus sie spielen möchten.

4 Wenn das Spiel beginnen kann, signalisieren Sie dies durch das Anschlagen des Gongs. Ist der Ton verklungen, beginnt das Spiel. Dazu lesen Sie den Text langsam vor. Lassen Sie genügend lange Pausen, damit die Kinder frei dazu spielen können. Das Ende des Spiels zeigen Sie wieder durch den Gong an.

5 Zum gemeinsamen Abschluss treffen sich alle Mitspieler wieder im Kreis. Nun darf jedes Kind erzählen, was es selbst erlebt und gefühlt hat.

Im Vordergrund dieses zweckfreien Spiels steht stets das eigene Erleben jedes Kindes. Im Zusammenspiel mit anderen werden aber Fähigkeiten, wie nonverbale Kommunikation, Einfühlungsvermögen, Kreativität und Toleranz, geübt. Durch den äußeren Rahmen des Spiels entsteht ein geschützter Raum, in dem sich die Kinder ohne Versagensängste und Furcht vor Kritik ganz ihrer Fantasie und ihren Gefühle überlassen können.

Vorlage zum pantomimischen Rollenspiel:
„Vom Wachsen der Sonnenblume"

Sie beginnen, indem Sie den Kindern erzählen, zu welchem Thema sie spielen werden: *„Wir werden heute nachspielen und auch spüren, wie eine Sonnenblume wächst. Vielleicht wisst ihr, was in der Erde stecken muss, damit eine Sonnenblume daraus wachsen kann?"* Dann besprechen Sie, was ein Sonnenblumenkern braucht, damit eine Pflanze aus ihm wachsen kann. *„Doch unsere Sonnenblumen sollen auch etwas Spannendes erleben. Darum werden sie Besuch von einem Käfer bekommen und ein Regenschauer wird sie überraschen."*

Erfragen Sie nun, welche Kinder gerne Sonnenblumen sein möchten und wer gerne die Rolle des Käfers oder des Regenschauers übernehmen will. Natürlich können Sie weitere, kleine Rollen, wie z. B. die der Sonne oder die des Windes verteilen.

Dann dürfen sich die Kinder überlegen, ob und wie sie sich ihrer Rolle gemäß verkleiden könnten. Die Sonnenblumen könnten beispielsweise zu Beginn als kleine Kerne symbolisch unter einer Decke liegen, aus der sie dann, wie aus der Erde „hervorwachsen" können. Der Regen könnte bis zu seinem Ausbruch in einer Wolke ruhen und einen blauen Umhang tragen. Der oder die Käfer trügen alle Hüte und dürften bis zu ihrem Auftritt in einer Blüte aus Tüchern naschen. Hierbei handelt es sich nur um Anregungen. Geben Sie genügend Zeit für diese Vorbereitungen, damit die Kinder sich in ihre Rolle hineinfühlen können, und nehmen Sie die Einfälle und Ideen der Kinder zu Verkleidung und Position auf.

Wenn alle Kinder ihre Positionen eingenommen haben, schlagen Sie den Gong und das Spiel beginnt. Sie sprechen nun den Text, zu dem die Kinder selbstständig und frei spielen:

„Ganz klein und steif liegen die Sonnenblumenkerne in der Erde. Doch nach und nach wärmen Sonnenstrahlen die Erde und der Regen nässt sie mit seinem Wasser. Da werden die Kerne weich und warm. Sie spüren, dass ihre Schale eng wird. Etwas in ihnen will nach draußen und nach oben an das Sonnenlicht kommen. Ganz langsam schieben sich kleine grüne Stiele aus den Sonnenblumenkernen heraus. Die wachsen und wachsen und gelangen schließlich an die Oberfläche. Dort genießen sie die warmen Sonnenstrahlen. Die kleinen grünen Stiele werden immer kräftiger. Sie wachsen und werden größer. Nacheinander entwickeln sich am oberen Ende der Stiele Knospen. Und an einem weiteren schönen Sonnentag öffnen sich die Knospen und es erscheinen wunderschöne gelbe Blüten. Die Blüten drehen sich zur Sonne hin. Doch plötzlich verschwindet die Sonne ganz hinter einer Wolkenwand und es beginnt zuerst ganz leise und sacht zu regnen. Dabei wiegt ein sausender Wind die Blumen hin und her. Dann wird der Regen stärker und trommelt und klopft auf die Blütenblätter und Stiele. Nach und nach wird er aber wieder schwächer und hört auf. Die Sonnenblumen strecken ihre Köpfe wieder der Sonne entgegen. Da kommen kleine Käfer angeflogen. Sie möchten von den Blüten naschen und setzen sich summend auf die Blütenblätter. Die kleinen Beinchen kitzeln die Sonnenblumen. Kurze Zeit später fliegen die Käfer wieder weg. Die Sonnenblumen sind nun müde geworden. Sie schließen langsam ihre Blütenblätter, als die Sonne untergeht."

Zum Beenden des Spiels schlagen Sie erneut den Gong und warten, bis er verklungen ist.

Nun kommen alle Kinder wieder im Kreis zusammen. Jedes Kind darf erzählen und spricht dabei nur über sich selbst und seine Empfindungen. Das Spiel der anderen soll nicht bewertet oder kritisiert werden.

Spiele mit dem Mimikwürfel

Hat Ihnen auch schon einmal jemand versichert, wie entspannt er ist, während er nervös mit den Fingern gespielt hat? Kennen Sie das freundliche Lächeln, das nicht recht gelingen will, weil hinter ihm deutlich versteckter Groll steckt? Mimik und Gestik sagen bekanntlich mehr als 1.000 Worte.

Sie können die Kinder spielerisch für das feinfühlige Wahrnehmen der Bewegungen und des Gesichtsausdrucks anderer Menschen sensibilisieren. Wenn sich ein Kind bewusst mit Körperhaltung und Mimik beschäftigt, lernt es, diese zu deuten. Folgende Spiele eigenen sich dazu:

Was zaubere ich aus dem Hut?

Präsentieren Sie im Stuhlkreis den Zauberhut. Aus diesem Hut lassen sich alle nur erdenklichen Dinge zaubern. Er kann imaginär sein oder Sie können einen echten Hut verwenden. Fassen Sie hinein und zaubern Sie etwas heraus, das sich gut pantomimisch darstellen lässt, wie einen Kaugummi, eine Zahnbürste, einen Ohrring, einen Kamm, einen Regenwurm, eine Schokolade, einen Floh, eine Briefmarke, eine Tasse heißen Tee, ein Häschen, ein Hüpfseil, Tesafilm oder ein Buch.

Stellen Sie dar, wie Sie den Gegenstand verwenden. Lassen Sie dabei Ihre Mimik und Ihren gesamten Körper mitspielen, indem Sie z. B. die Augenbrauen erstaunt hochziehen oder mit den Schultern ratlos zucken. Der Fantasie sind keine Grenzen gesetzt. Das Kind, das erraten hat, was Sie aus dem Hut gezaubert haben, bekommt als Nächstes den Hut und darf ebenfalls etwas herauszaubern.

Das langsamste Rennen der Welt

Veranstalten Sie ein Wettrennen der völlig anderen Art. Alle Kinder stehen am Start und bekommen die Aufgabe, so langsam wie möglich gegeneinanderzulaufen. Ihre Bewegungen sollen aber denen eines echten Rennens nachempfunden sein – ein Rennen in Zeitlupe sozusagen. Einzige Regel: Stillstand verboten! Jedes Kind muss immer in Bewegung bleiben. Wer als Letzter durchs Ziel geht, gewinnt das Rennen. So nimmt das Kind ganz langsam und sehr bewusst verschiedenste Körperhaltungen ein und gewinnt ganz neue Eindrücke über verschiedene Möglichkeiten, sich zu bewegen.

1 2 Spielvarianten mit dem Mimikwürfel

Schaffen Sie spielerische Möglichkeiten für Kinder, sich mit den Gesichtsausdrücken anderer Menschen zu beschäftigen. Dazu eignet sich ein Mimikwürfel, der verschiedene Gefühle einfach darstellt und zum Spielen anregt. Im Folgenden finden Sie eine Vorlage zum Gestalten eines solchen Würfels. Er zeigt die Gefühle: zufrieden, ernst, erstaunt, traurig, wütend und glücklich. Folgende Spiele können Sie damit machen:

Spiele mit dem Mimikwürfel

Variante 1: Wie geht es mir? – Ohne Worte erzählen

Bei diesem Spiel ersetzt der Würfel die Worte der Mitspieler. Treffen Sie sich mit einer Gruppe von 4 bis 6 Kindern im Kreis und halten Sie den Würfel bereit. Ein Kind wird bestimmt, das die Erzählrunde beginnt. Es darf nun vom heutigen oder dem vergangenen Tag erzählen. Dabei lässt es die anderen an seinen Gefühlen teilhaben.

Statt zu sagen „Ich habe mich darüber gefreut", sucht es das passende Gesicht auf dem Würfel. Es dreht die Seite so zu den Zuhörern, dass die Mimik von allen gut gesehen werden kann. Nun kann es sagen: „Da hab ich mich so gefühlt."
Nur wenn ein anderes Kind nicht versteht, was der Erzähler meint, kann es nachfragen. Nach einigen Sätzen ist das nächste Kind an der Reihe. So lernen Kinder, ihre Gefühle zu zeigen, auch wenn sie noch nicht für alle Empfindungen einen Namen kennen.

Variante 2: Mimik raten

Setzen Sie sich mit bis zu 5 Kindern an einen Tisch. Ein Kind beginnt die Würfelrunde und erhält den Mimikwürfel dazu. Alle anderen Kinder schließen kurz die Augen. Das Kind mit dem Würfel wirft diesen und sieht nach, welches Gesicht oben liegt. Dann gibt es den Würfel an Sie als Spielleiterin weiter. Den Würfel halten Sie nun hinter Ihrem Rücken versteckt. Die Kinder öffnen wieder die Augen. Nun versucht das Kind, das gerade gewürfelt hat, den Gesichtsausdruck auf seinem eigenen Gesicht nachzuahmen. Die anderen Kinder raten, welche Mimik gemeint ist. Zeigen Sie den Kindern zur Kontrolle das richtige Gesicht, wenn ein Kind die Lösung gefunden hat. Dieses ist nun auch an der Reihe mit Würfeln und Vorspielen. Die anderen schließen wieder ihre Augen.

Kopiervorlage: Mimikwürfel

Ein „Donnerwetter" als Instrumentalexperiment

Draußen grollt der Donner. Blitze zucken knisternd über den Himmel. Das Naturphänomen eines Gewitters kann durchaus Angst machen. Mit einem Instrumentalexperiment zum Thema „Donnerwetter" können Sie Kinder unterstützen, sicherer und stärker mit angsterzeugenden Geräuschen umzugehen. Indem Kinder selbst die Vertonung eines Ereignisses oder einer Geschichte übernehmen, gewinnen sie Kontrolle über die Laute und Geräusche. Sie steuern selbst, ob diese laut oder leise, schnell oder langsam sein sollen. Weiter lernen sie, mit diesen Geräuschen umzugehen und nicht zu sehr davor zu erschrecken.

Musik macht Mut

Dürfen Kinder Musik erfahren, hören, einsetzen und machen, bekommen sie ein „Instrument der Stärkung" in die Hand. Sie profitieren von den Tönen, die sie spielen und hören, folgendermaßen:

- Kinder erfahren, dass ihre Ängste ernst genommen werden. Sie dürfen ihre Angst ganz offen aussprechen. Anschließend gehen Sie mit den Kindern die Ängste gemeinsam an, indem Sie angstmachende Geräusche selber machen und damit einen positiven Eindruck hinterlassen, weil die Kinder Freude und Spaß mit den Tönen verbinden. Das kann die Angst nehmen oder diese kleiner werden lassen.

- Kinder haben oft Bedenken, in bestimmten Situationen zu versagen. Das ist bei einem Instrumentalexperiment unnötig, weil es hier kein „Richtig" oder „Falsch" gibt. Alle Klänge und Töne, die Kinder spielen, sind gut und wichtig. Sie tragen so zu einer gemeinsamen Klanggeschichte bei und bekommen für ihren Einsatz Bestätigung.

- Kinder bekommen durch die Musik ein Medium vorgestellt, das sie zur Entspannung und zum Abbau von Druck einsetzen können. Wenn Kinder sich mit Tönen und Melodien beschäftigen dürfen, lernen sie diese besser kennen und schätzen. Hat das Kind im Alltag dann z. B. Wut im Bauch, kann es seinen Druck abbauen, indem es kräftig trommelt. Oder ein aufgewühltes Kind kann beim Hören von Musik und beruhigenden Klängen wieder zur Ruhe kommen.

- Instrumentalexperimente fördern das soziale Verhalten der Kinder. Sie lernen durch das gemeinsame freie Musizieren,

  – sich gegenseitig abzustimmen, wann wer an der Reihe ist, seine Töne zu spielen. So wird das Gespür für ein harmonisches Zusammenspiel gefördert;

  – andere zu akzeptieren, denn jeder macht gute und richtige Klänge, auch wenn man selbst hier etwas anderes gespielt hätte;

  – abzuwarten, denn es können nicht alle gleichzeitig dran sein. Kinder müssen aushalten, bis sie wieder an der Reihe sind.

Machen Sie mit den Kindern ein Donnerwetter!

1 Um das Thema „Donnerwetter" mit Kindern instrumentalisch umzusetzen, sollten Sie einige Schritte beachten.

1. Bereiten Sie das „Donnerwetter" gut vor

Eine Gruppe von 6 bis 8 Kindern ab 4 Jahren ist eine sinnvolle Größe für die Durchführung eines Instrumentalexperiments. Außerdem sollten Sie für jedes Kind ein eigenes Instrument bereithalten. Besonders geeignet für die Vertonung eines Gewitters sind dabei verschiedene Trommeln, Becken, Regenmacher, Ocean Drums, Klangstäbe, Glockenspiele und Xylophone. Achten Sie darauf, dass die Kinder genügend Platz haben, um ihre Instrumente spielen zu können.

2. Entscheiden Sie gemeinsam

Stellen Sie den Kindern die Instrumente vor. Jedes Kind darf sich das aussuchen, das ihm besonders gefällt. Lassen Sie den Kindern Zeit, die Instrumente auszuprobieren. Das erleichtert die Entscheidung. Nebenstehend finden Sie eine „Donnerwetter"-Geschichte. Lesen Sie den Kindern die Geschichte vor. Nun können Sie sie entscheiden lassen, welches Instrument zu welchem Teil des Textes passt.

3. Ein Donnerwetter mit Instrumenten

Nun geht es los! Geben Sie den Kindern die Gelegenheit, die Geschichte in kleinen Teilen zu vertonen. Nach und nach kommen immer lautere Instrumente zum Einsatz, bis ein echtes Gewitter zu hören ist. Zum Schluss spielen Sie die ganze Geschichte mit den Geräuschen noch komplett durch.

4. Halten Sie das Donnerwetter fest

Damit auch die Eltern und die Kinder zu einem späteren Zeitpunkt noch einmal das Instrumentalexperiment genießen können, bietet sich eine Aufnahme der Vertonung an. Vielleicht können Sie dieses tolle Werk an einem Elternabend oder als Hintergrundgeräusch im Eingangsbereich laufen lassen.

Durch Ihre Anerkennung ermutigen Sie die Kinder, sich das Experimentieren mit Instrumenten zuzutrauen. So fördern Sie Selbstbewusstsein und Selbstsicherheit.

Klanggeschichte: „Donnerwetter" zum Experimentieren mit Instrumenten

Anmerkung: Die gefetteten Textstellen lassen sich besonders gut vertonen.

Draußen **scheint die Sonne**. Es ist warm.
Ein **leichter Wind** weht und **raschelt leise** durch die Blätter der Bäume.

Langsam wird der **Wind stärker**. Das **Rauschen in den Baumkronen** ist gut zu hören.
Am Himmel ziehen grauen Wolken auf. Der **Wind bläst** sie vor sich her.

Aus dem Wind ist ein **leichter Sturm** geworden. Er **heult laut und pfeift** zwischen den Häusern hindurch.
Er türmt die Wolken zu schwarzen Bergen am Himmel auf.
Draußen ist es dunkel, obwohl es mitten am Tag ist.

Plötzlich **zuckt ein helles Licht** über den Himmel. Das **Knistern des Blitzes** ist zu hören.
Die ersten Regentropfen fallen aus den dicken Wolken auf die Erde.

Ein **Poltern** kommt von weit her. Ein **leiser Donner** rumpelt durch die Luft.
Aus den kleinen Regentropfen sind **große Tropfen** geworden,
die immer schneller auf den Boden fallen.

Wieder ein **Blitz! Es kracht laut**, als das Licht aufleuchtet.
Das **laute Poltern des Donners** kommt schnell hinterher.
Der **Regen plätschert** laut auf Bäume, Gras und Straßen.
Der **Sturm zerrt pfeifend** an den Ästen der Bäume, die sich kräftig biegen.

Gleichzeitig **zucken mehrere Blitze** über den Himmel.
Es **kracht und scheppert**. Donner und Blitz vereinen sich zu einem **großen Knall**.
Der Regen wird vom Sturm an die Fensterscheiben der Häuser **gepeitscht**.
Es **heult** und **rauscht** und **kracht** und **scheppert**.

Nach einer Weile wird der Sturm wieder zahmer.
Die Blitze werden weniger. Der Donner lässt auf sich warten.
Er grummelt nur noch von fern. Das **Rauschen des Regens** ist nun am lautesten.

Aus dem Sturm ist wieder ein **Wind** geworden. Ein **letzter leiser Donner** ist zu hören.
Der **Regen fällt** gerade vom Himmel und begießt die Erde.

Jetzt fallen die **letzten Tropfen** aus den kleinen Wolken.
Der Wind hat die dicken schwarzen Wolken mit sich fortgenommen und ist verschwunden.

Die Sonne schaut vorsichtig zwischen den Wolken hervor und lässt die nasse Erde glänzen.
Wie frisch gewaschen sieht alles aus.
Und auf den Bäumen **fangen die Vögel wieder an zu zwitschern**.

So wird eine Geschichte zum Hörerlebnis

Wie Sie sicher schon oft erlebt haben, sind Kinder immer begeistert und konzentriert bei der Sache, wenn sie sich mit Orff-Instrumenten beschäftigen. Sie lieben es, mit Klängen zu experimentieren, und beteiligen sich sehr gern an der instrumentalen Umsetzung von Klanggeschichten. Bei Klanggeschichten spielen bzw. improvisieren die Kinder auf ihren Instrumenten zur Geschichte, die Sie erzählen oder lesen.

Gehen Sie nun einen Schritt weiter und machen Sie die Kinder mit Hilfe der Geschichte „2 kleine Mäuse" mit grafischen Symbolen, die anstelle von Noten verwendet werden, vertraut.

Kinder werden zu Komponisten und zum Orchester

In der grafischen Notation werden anstelle von Noten Symbole, Zeichen und Farben eingesetzt, um den Verlauf eines Musikstücks zu beschreiben.

1 Um eine Geschichte zu vertonen, erstellen Sie also mit den Kindern gemeinsam eine Art Notenschrift oder Notenbild dazu. Beispiele für die bildliche Umsetzung der Instrumente und Klänge zur Klanggeschichte „2 kleine Mäuse" sehen Sie auf der Seite 170. Die Kinder haben aber sicher noch viele weitere Ideen dazu, welches Symbol ihr Instrument bzw. seinen Klang darstellen könnte und wie sie die Geschichte musikalisch begleiten könnten.

In 4 Schritten zu einem Musikstück mit grafischer Notation

Das wird gebraucht:

- Instrumente (Glockenspiel, Klanghölzer, Becken, Glöckchen, Zimbeln und Handtrommeln)

- 1 großes Plakat / Blatt Papier

- Buntstifte

- Papier, um die Symbole auszuprobieren und festzulegen

Schritt 1

Lesen Sie den Kindern die Geschichte „2 kleine Mäuse" vor. Besprechen Sie, welche Instrumente sich für die Geräusche oder Klänge in der Geschichte eignen würden. Anregungen sind im Text in Klammern gesetzt. Lassen Sie jedes Kind ein Instrument wählen bzw. bilden Sie Instrumenten-Gruppen.

Schritt 2

Erfinden oder wählen Sie mit den Kindern Symbole zu ihren Instrumenten. Dabei können Aspekte, wie laut / leise oder langsam / schnell durch dichter werdende Striche, dickere

So wird eine Geschichte zum Hörerlebnis

Punkte oder eine größer werdende Grafik dargestellt werden. Die Symbole erhalten unterschiedliche Farben.

Schritt 3

Legen Sie ein großes Plakat bereit. Lesen Sie die Geschichte wieder vor und lassen Sie die Kinder parallel dazu die Grafik auf dem Plakat erstellen. Jedes Kind darf das Symbol für sein Instrument, mit seiner Farbe, auf das Plakat malen. Gemalt wird von links nach rechts und in der Reihenfolge, in der die Klänge in der Geschichte vorkommen.

Schritt 4

Nun können Sie die Geschichte vorlesen und die Kinder spielen dazu. Den Verlauf der grafischen Notation zeigen Sie während des Lesens mit dem Finger mit.

Musikstück: „2 kleine Mäuse erleben ein Küchenabenteuer"

„2 kleine Mäuse trippeln (Trippelschritte/Klanghölzer) auf der Suche nach Futter umher. Sie kommen an eine Treppe und huschen hinauf (Treppe / Glockenspiel, aufsteigende Tonleiter). Oben angekommen, sehen sie eine geöffnete Haustür. Sie schaffen es gerade noch durch die Tür, bevor diese zufällt (Türenschlagen / Tambourin). Im Haus laufen die beiden (Trippelschritte / Klanghölzer) schnurstracks in die Küche. Ein guter Duft führt sie geradewegs zum Mülleimer. Eine der beiden Mäuse klettert am Mülleimer hoch (hinaufklettern / Glockenspiel, aufsteigende Tonleiter) und wühlt sich durch den Müll (Rascheln / Rassel). Die andere Maus hüpft auf den Küchenhocker (hüpfen / Zimbeln) und von dort aus auf den Tisch.

Da läutet plötzlich jemand an der Haustür (Läuten / Glöckchen). Die beiden Mäuse erstarren. Die Tür wird geöffnet (Türenschlagen / Tambourin). Es nähern sich schwere Schritte, die lauter werden (Schritte / Handtrommel). Ein Mensch kommt! Die Maus auf dem Tisch hüpft vor Schreck (hüpfen / Zimbeln) ebenfalls in den Mülleimer, in dem nun 2 Mäuse aufgeregt herumrascheln (Rascheln / Rassel). Da fällt der Mülleimer um (Knall / Becken). Die 2 Mäuse laufen (Trippelschritte / Klanghölzer), so schnell sie können, zur Haustür hinaus und immer weiter und weiter, bis sie nicht mehr können. Erschöpft und außer Atem bleiben sie stehen. „Puh" (alle Kinder sprechen ein lautes erleichtertes „Puh"), das ist gerade noch mal gutgegangen."

Die grafische Notation ermöglicht es den Kindern nun, die Geschichte nur instrumental, ohne Text, darzustellen. Spielen Sie dieses Musikstück einmal Ihrer Nachbargruppe oder einigen Eltern vor und lassen Sie die Zuhörer raten, von wem und wovon die Geschichte wohl handeln könnte.

Rascheln / Rasseln

Hüpfen / Zimbeln

Knall / Becken

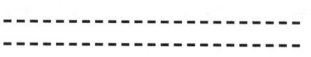

Trippeln / Klanghölzer

Treppe / Glockenspiel

Beispiele CD-ROM

8. Teil: Mit einer ausgewogenen Ernährung zu einem gesunden Körpergefühl

Gesund und schmackhaft essen

„Du bist, was du isst." Kennen Sie diesen Ausspruch? Gesunde Ernährung hält uns fit und gesund. Besonders Kinder brauchen gutes Essen. Eine ausgewogene Ernährung fördert die körperliche Entwicklung, steigert die Konzentrations- und Lernfähigkeit.

Sicherlich kennen Sie Anregungen, wie eine gesunde Ernährung aussehen soll. Kinder brauchen täglich Kohlehydrate, Eiweiß, Vitamine, Mineralstoffe usw. Das finden Sie besonders in Obst und Gemüse, in Vollkorn- und Milchprodukten sowie in Fleisch und Fisch. Darüber hinaus ist es wichtig, viel zu trinken, damit der Wasserhaushalt des Körpers ausgewogen bleibt.

Wie viel wovon ist sinnvoll?

Eine ausgewogene Mischkost beinhaltet von allen wichtigen Nährstoffen etwas. Aber wie viel sollte ein Kind von welchen Lebensmitteln täglich angeboten bekommen? Dazu können Sie sich eine einfache Richtlinie zunutze machen: Rechnen Sie in Portionen. Eine Portion ist dabei immer eine Handvoll. Je älter das Kind wird und je größer der Bedarf an Nährstoffen ist, desto größer wird auch die Portion, da die eigene Hand wächst. Diese Portionen sollte das Kind täglich essen und trinken:

- 6 Portionen Getränke, d. h. Wasser und ungesüßte Tees sowie leichte Fruchtsaftschorlen. Getränke sollten Sie den gesamten Tag über zur Verfügung stellen

- 5 Portionen Kohlehydrate, wie Brot, Kartoffeln, Nudeln, Reis oder Müsli

- 4 Portionen Obst und Gemüse

- 3 Portionen Milch und Milchprodukte, wie Joghurt oder Käse

- 1 Portion Fleisch, Fisch, Eier oder Wurst

- Höchstens 2 Portionen Fett, z. B. Butter, fettreiche Aufstriche usw.

- 1 Portion Süßigkeiten, z. B. Kekse, Schokolade, Gummibärchen sowie gesüßte Getränke, wie Limonade usw.

Natürlich muss ein Kind diese Portion nicht essen. Aber Sie sollten diese einplanen und nicht verbieten, sondern in Maßen zulassen.

So machen Sie gesundes Essen schmackhaft

Kinder essen nicht, weil etwas gesund ist, sondern weil sie Hunger haben und weil es schmeckt. Damit es Ihnen trotzdem gelingt, Kinder an gesundes Essen heranzuführen, sollten Sie folgende Tipps beachten:

Gesund und schmackhaft essen

Tipp 1: Beziehen Sie die Kinder mit ein

Wenn Kinder bei der Zubereitung der Mahlzeiten mithelfen dürfen, werden sie dem Essen gegenüber offen sein. Schließlich sind sie stolz auf das Ergebnis ihrer Aktion. Das muss dann auch probiert werden!

■ Tipp 2: Lassen Sie die Kinder Verantwortung übernehmen

Trauen Sie den Kindern zu, auch einen Teil der Verantwortung für sich und ihren Körper zu übernehmen. Dazu ist es wichtig, dass Sie die Kinder informieren, was und wie viel davon ihr Körper braucht, um gesund zu bleiben. Hängen Sie deshalb zur Verdeutlichung die nebenstehende Kopiervorlage über Ihren Esstisch in der Einrichtung. Hier wird den Kindern mit Hilfe eines Riesen- und Zwergensymbols nähergebracht, was sie reichlich und was sie eher sparsam essen sollten.

Tipp 3: Essen Sie gemeinsam mit den Kindern

Leider ist es heute oft so, dass viele Kinder in ihren Familien keine gemeinsamen Essenszeiten und -rituale mehr kennen lernen. Sorgen Sie daher in der Kita für ein gemeinsames Essen. Das macht Appetit und bietet die Möglichkeit, mit anderen ins Gespräch zu kommen.

Tipp 4: Seien Sie Vorbild für die Kinder

Kinder achten genau darauf, was Sie essen, und werden Sie als Beispiel nehmen. Darum ist es sehr wichtig, dass Sie den Kindern auch beim Thema „Ernährung" ein Vorbild sind. Denken Sie daran: Auch Erwachsene bleiben durch gesundes Essen fit!

Tipp 5: Probieren Sie gemeinsam etwas Neues aus

Das Auge isst mit. Auch Kinder finden optisch schöne Speisen ansprechend. Darum probieren Sie mit den Kindern doch gemeinsam immer wieder neue Möglichkeiten aus, Essen ansprechend zu gestalten, z. B. indem Sie Gemüse besonders schön anrichten. Sie können dafür mit Rohkost Gesichter legen oder klein geschnittenes Obst zu einer Blume dekorieren.

Essen Sie gemeinsam mit den Kindern gesund, aber mit Genuss. Denn das eine schließt das andere nicht aus, sondern sollte sich ergänzen. Guten Appetit!

Übersicht für Kinder: „Von Riesen- und Zwergenportionen"

„Trinke riesig viel gesunde Sachen!"

„Trinke Limonade wie ein Zwerg!"

„Iss riesig viel Obst!"

„Iss Süßigkeiten wie ein Zwerg!"

„Iss riesig viel Gemüse!"

„Iss fettes Essen wie ein Zwerg!"

Übersicht auf CD-ROM

Kochen ist mehr als nur im Topf rühren!

Kochen ist mehr als nur im Topf rühren!

„Zu Hause isst Lisa so etwas nie!" Sicher haben Sie diesen Satz schon von Eltern nach einem Ihrer Kochtage gehört. Kinder essen bei Ihnen plötzlich mit Begeisterung – vor allem das, was sie selbst zubereitet haben. Denn kochen und essen in entspannter, fröhlicher Atmosphäre macht Kindern Spaß und vermittelt Wohlbefinden.

Beim Helfen und Zusehen in der Küche können die Kinder viele praktische Fertigkeiten erlernen:

1 Sie lernen Lebensmittel kennen und erleben sie, durch stetiges Naschen, mit allen Sinnen. Dadurch schulen sie ihren Geschmacks- und Geruchssinn.

2 Sie üben beim Kochen den sicheren Umgang mit Utensilien aus der Küche. Ihre Feinmotorik wird geschult. Sie lernen Namen und Verwendung der Küchengeräte kennen.

3 Die Kinder erleben, dass Kochen und Essen ein wichtiger Teil unserer Kultur sind. Sie sind kreativ beim Tischdecken und -schmücken und lernen Tischrituale und -regeln kennen.

4 Die Kinder erfahren, dass Hygiene in der Küche großgeschrieben wird. Beim Abwaschen und Tischeputzen finden Sie sicher immer freiwillige Helfer.

Ein leckeres Gericht für kleine Köche

„Papageienschmaus im Käseschaum" ist ein Gericht, das bereits beim Zubereiten mindestens so viel Spaß macht wie beim Essen, denn es gibt alle Hände voll zu tun. Außerdem können Sie mit wenig Gefahren loskochen, denn: Sie benutzen nur den Backofen, heißes Wasser oder eine heiße Herdplatte werden nicht benötigt.

Das Rezept reicht aus für eine Kindergruppe von ca. 25 Kindern und 2 Erzieherinnen.

Das wird gebraucht:

- 5 kg gemischtes Gemüse, wie Möhren, Kartoffeln, Zucchini, Brokkoli, Paprika, Kohlrabi
- 8 Eier
- 600 g Schmand
- 400 g Sahne
- 200 g Milch
- 400 g Parmesan
- Salz, Pfeffer, Muskatnuss
- Einige Schneidebrettchen
- Ein Gemüsemesser für jedes Kind
- Einige Gemüseschäler

Kochen ist mehr als nur im Topf rühren!

- 1 große Auflaufform
- 2 große Schüsseln
- 1 Schneebesen
- Mehrere Kochlöffel
- 1 Schöpfkelle

So wird's gemacht: Zuerst dürfen die Kinder das Gemüse waschen oder schälen. Dann schneiden sie alles in möglichst kleine Stücke. Am besten hobeln Sie die Kartoffeln vorher in dünne Scheiben, damit sie später schneller gar werden. Alles Kleingeschnittene kommt in eine große Schüssel. Dann können einige Kinder gemeinsam den Käseschaum vorbereiten. Dazu schlagen Sie die Eier auf und geben sie in eine Schüssel. Danach müssen die Kinder, die mit Eiern hantiert haben, ihre Hände waschen. Hinzu kommen dann der Schmand, die Sahne, der Käse und die Milch. Nun ist Kräftemessen angesagt. Wer schafft es, diese Masse mit dem Schneebesen zu verrühren? Am Schluss wird die Mischung mit Salz, Pfeffer, Thymian und Muskatnuss abgeschmeckt. Nun kommen der bunte Gemüse-Papageienschmaus und der Käseschaum zusammen in eine große Schüssel und werden mit dem Kochlöffel durchgemischt.

Mit der Schöpfkelle schöpfen die Kinder die Masse in die Auflaufform. Dann kommt der Auflauf bei 180 °C in den vorgeheizten Backofen. Nun haben die Kinder 45 Minuten Zeit, um aufzuräumen und abzuspülen, denn dann kommt der Papageienschmaus auf den Tisch. Dazu passt grüner Salat. Guten Appetit!

„Kochen" ohne Herd und Backofen

Wenn Sie keine geeignete Küche haben, um mit den Kindern gemeinsam zu kochen, können Sie eine der folgenden günstigen und unkomplizierten Ideen aufgreifen, um den Kindern Spaß an gesunder Ernährung zu vermitteln.

Müslifrühstück: Veranstalten Sie ein gemeinsames Müslifrühstück. Dazu bitten Sie jede Familie um eine kleine Lebensmittelspende, wie 2 Äpfel, ein Liter Milch, ein Paket Haferflocken oder ein Paket Rosinen. Waschen und schneiden Sie das Obst mit den Kindern und bereiten Sie aus allen mitgebrachten Lebensmitteln ein gesundes Müslibuffet.

Belegte Brote: Bei diesem Frühstück kommt so richtig was aufs Brot. Besorgen Sie frisch aufgeschnittenes Brot, Salz und Eier. Bitten Sie einige Eltern, Ihnen ihre Eierkocher zur Verfügung zu stellen. Gemeinsam mit den Kindern kochen Sie darin die Eier hart. Nun darf jedes Kind sein Brot selbst mit Butter bestreichen, mit Ei belegen und salzen. Als Variation könnten Sie noch Gurken und Tomatenscheiben oder Kresse als Belag anbieten.

Checkliste: Kochen mit Kita-Kindern – Das sollten Sie beachten

	o. k.?
Sie gehen mit den Kindern auf Märkte oder in Läden zum Einkaufen, damit die Kinder Lebensmittel kennen lernen können.	❏
Sie ermutigen die Kinder, z. B. durch Spiele, auch fremde Obst- und Gemüsesorten zu probieren.	❏
Sie sind selbst Vorbild und probieren alles, was Sie verarbeiten oder kochen.	❏
Sie sprechen mit den Kindern über die Anbauweise und Herkunft der Lebensmittel.	❏
Sie verfügen über eine ausreichende Anzahl von Küchengeräten, die für Kinderhände geeignet sind (z. B. Gemüsemesser, kleine Schneebesen, Brettchen).	❏
Sie verwenden stets die korrekten Bezeichnungen der Küchenutensilien. Sie kochen mit einfachen Rezepten und Bildrezepten, damit die Kinder möglichst selbstständig arbeiten können.	❏
Sie behalten während des Kochens alle Kinder, die mit Küchengeräten oder am Herd hantieren, im Blick.	❏
Sie weisen die Kinder vor jedem Kochen auf Gefahrenquellen, wie heiße Herdplatte, heißes Wasser, scharfe Messer etc., hin.	❏
Sie haben einen Verbandskasten bzw. die Erste-Hilfe-Ausstattung griffbereit.	❏
Sie vermitteln den wertschätzenden Umgang (sorgfältig und sparsam) mit Lebensmitteln.	❏
Sie haben feste Tischrituale.	❏
Sie sprechen mit den Kindern über Verhaltensregeln bei Tisch, wie Mützen abnehmen, keine „unangenehmen" Themen besprechen, zum Naseputzen vom Tisch entfernen oder sich entschuldigen, wenn man gerülpst hat.	❏
Sie beteiligen die Kinder am Tischdecken und an der Tischdekoration.	❏
Sie kochen auch fremdländische Gerichte und geben den Kindern Einblick in andere (Ess-)Kulturen.	❏
Sie stellen Kehrschaufel und Besen sowie Eimer und Putzlappen in Reichweite der Kinder bereit, damit diese „kleine Missgeschicke" selbst beseitigen können.	❏
Sie vermitteln den Kinder die wichtigsten Hygiene-Regeln, wie gründliches Hände-waschen, nicht auf Lebensmittel husten, Schürze tragen, lange Haare zusammenbinden, auf den Boden Gefallenes wegwerfen usw.	❏
Sie halten die Kinder dazu an, nach dem Kochen auch beim Aufräumen und Saubermachen behilflich zu sein.	❏

Checkliste auf CD-ROM

Andere Länder andere Speisen: ländertypische Gerichte mit Kindern erkunden

Spaghetti und Pizza sind bei Kindern der Renner! Beide Gerichte haben ihren Ursprung im europäischen Mitgliedsland Italien. So gibt es in jedem Land Speisen, die typisch für den Landstrich und die im Land vorhandenen Zutaten sind. Über eine landesübliche Speisekarte lernen Kinder fremde Länder und Kulturen auf kulinarische Weise kennen.

In vielen Kindertagesstätten ist ein multikulturelles Miteinander Alltag. Darüber hinaus ist heute grundsätzlich eine wertschätzende und offene interkulturelle Erziehung notwendig. Nicht zuletzt über das Essen können Sie die Kinder mit anderen Gewohnheiten bekannt machen. Wenn Sie Kindern ermöglichen, Zutaten und Speisen aus aller Herren Ländern kennen zu lernen, profitieren sie in verschiedener Weise davon:

■ **Kinder leben Integration:** Wenn Kinder sich einbringen dürfen, wenn sie ihr Essen vorstellen und mit ihren Lieblingsspeisen werben dürfen, fühlen sich besonders Kinder mit Migrationshintergrund ernst genommen. Sie dürfen ein Stück Heimat mit in die Kita bringen. So lernen auch die anderen Kinder kulturelle Andersartigkeit kennen und schätzen.

■ **Kinder üben Toleranz:** Menschen reagieren bei allem Fremden meist erst mit Zurückhaltung oder bilden sich schnell ein (Vor-)Urteil. Bieten Sie Kindern die Gelegenheit, z. B. Obst und Gemüse, das ihnen bisher fremd war, kennen zu lernen und sich so mit den Speisen und ihren Herkunftsländern bekannt und vertraut zu machen. Dadurch entstehen Toleranz und Wertschätzung gegenüber anderen Geschmacksrichtungen und Offenheit gegenüber unbekannten Dingen.

■ **Kinder sammeln Erfahrungen und Wissen:** Durch das Erleben fremder, bisher unbekannter Speisen und Zutaten machen Kinder neue Erfahrungen und erweitern so ihre Kenntnisse. Wenn Kindern bewusst ist, dass sie etwas wissen, können sie ein gesundes Selbstvertrauen aufbauen. Das gibt Sicherheit und schafft wiederum eine gute Grundlage, damit Kinder für eine tolerante Haltung bereit sind.

Kinder mit fremdländischen Speisen spielerisch vertraut machen

1 Exotisches Obst- und Gemüse-Memory

Bei Kindern ist seit Generationen das Spiel „Memory" bekannt und beliebt. Machen Sie sich diese Vorliebe zunutze und stellen Sie den Kindern fremdländisches und exotisches Obst und Gemüse durch dieses Spiel vor. Nebenstehend finden Sie verschiedene Obst- und Gemüsebildkarten zum Kopieren und Ausschneiden. Kleben Sie die Kärtchen am besten auf einen Karton oder laminieren Sie die einzelnen Bilder. So halten die Memory-Karten vielen Spielen stand. Natürlich können Sie die Anzahl der Karten durch andere Exoten aus der Obst- und Gemüsetheke erweitern.

Andere Länder andere Speisen: ländertypische Gerichte mit Kindern erkunden

Frische Früchtchen contra Fastfood

Dass Vitamine, Mineral- und Ballaststoffe aus Obst und Gemüse gesund sind und Fastfood sparsam genossen werden soll, ist Ihnen sicherlich bekannt. Um dies auch den Kindern im wahrsten Sinne des Wortes schmackhaft zu machen, können Sie mit ihnen ein gesundes „Exotik-Buffet" zubereiten. Frische Ananas, leckere Mangos oder gebratene Auberginenscheiben können darauf Platz finden. Wenn Sie die Kinder beim Schneiden, Zubereiten und Dekorieren des Obstes und des Gemüses mithelfen lassen, probieren sie das Speiseangebot später umso neugieriger und lieber.

Multikulti-Kochduell

Wenden Sie sich mit Ihrem Anliegen, Kinder mit Speisen anderer Länder bekannt zu machen, auch an die Eltern. Bestimmt sind einige bereit, beliebte und typische Gerichte aus ihrer Heimat zuzubereiten und mitzubringen. Dann können Kinder und andere Eltern davon kosten und Neues kennen lernen. Besonders eindrucksvoll ist es, wenn Sie Eltern aus verschiedenen Ländern zum gemeinsamen Kochen in der Kita einladen. Zusammen mit den Kindern schälen, schneiden, braten oder kochen Sie dann die unterschiedlichsten Speisen. Das macht Spaß und fördert Weltwissen und Toleranz!

Kopiervorlage: Exotisches Obst- und Gemüse-Memory

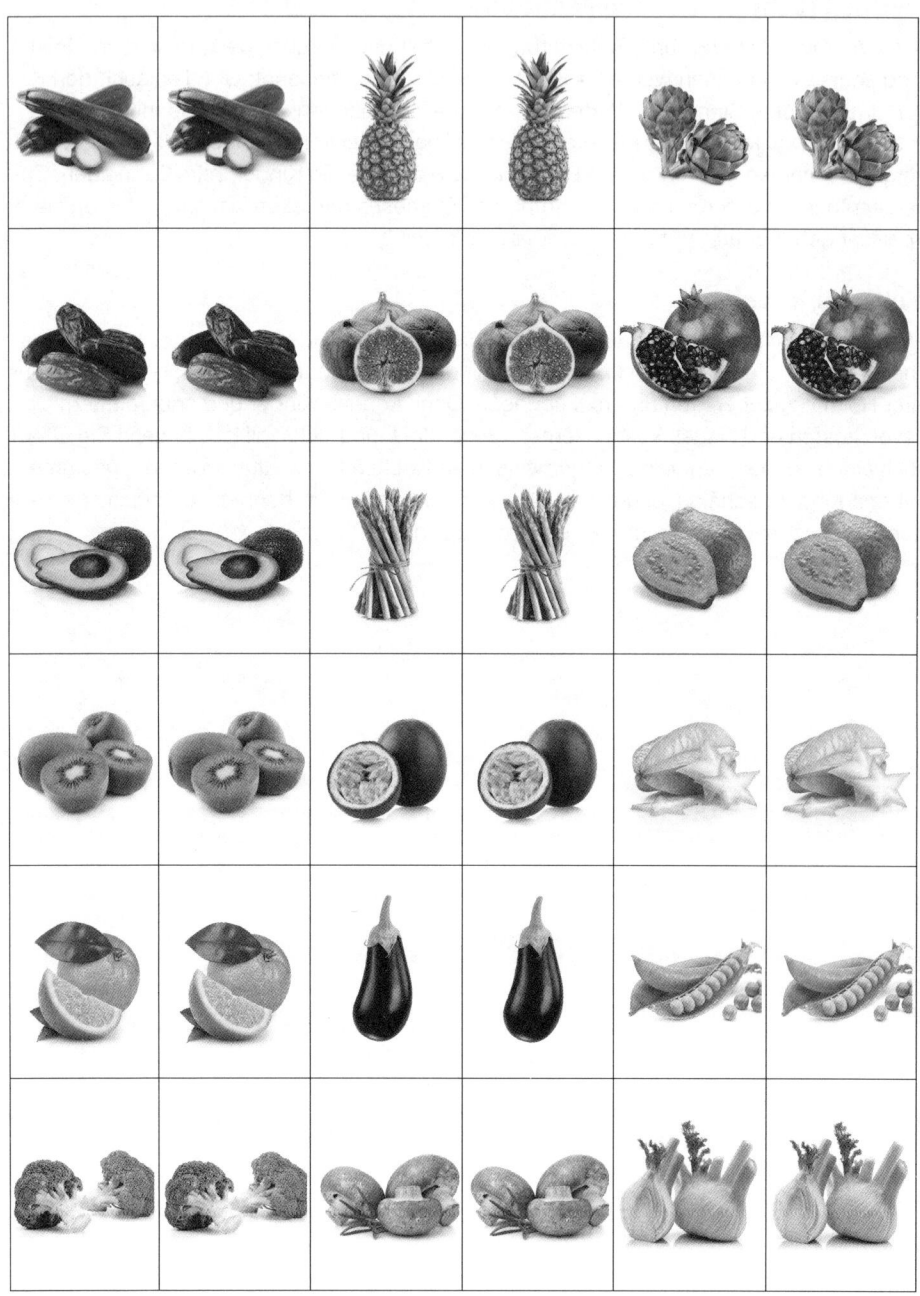

Gesundes Essen als Chance der Erziehungspartnerschaft zwischen Einrichtung und Elternhaus

Haben Sie schon einmal darüber nachgedacht, wie oft Sie am Tag essen und trinken? Kaum etwas anderes tun Sie – und mit Ihnen alle Menschen – vergleichbar häufig. Machen Sie darum die Bedeutung von gesundem Essen den Kindern und auch den Eltern bewusst.

Viele Wege führen zum Ziel der Erziehungspartnerschaft

Kinder, die erleben, dass Kita und Elternhaus im Punkt gesunde Essgewohnheiten übereinstimmen, erhalten ein gutes Fundament für eine lebenslange positive Einstellung zu ausgewogenem Essen. Es gibt viele Möglichkeiten, wie Sie die Eltern beteiligen und beide Seiten voneinander profitieren können. Schöpfen Sie aus folgendem Ideenpool und wagen Sie einen Versuch.

Vermitteln Sie Wissen am Elternabend

Bieten Sie 1-mal im Jahr einen Elternabend zum Thema „Kinder-Gesundheit" an. Mögliche Schwerpunkte könnten sein: Zahngesundheit, Bewegungserziehung, gesundes Essen vom Frühstück bis zum Abendbrot, „Kinderlebensmittel – Was ist das eigentlich?", förderliche Essgewohnheiten und Tischkultur oder Essstörungen und Allergien.

Laden Sie Fachleute wie Ärzte oder Mitarbeiter des Gesundheitsamtes zu den Abenden ein, die den Eltern aufzeigen, wo Verbesserungen möglich sind. Oder gestalten Sie den Abend in Eigenregie mit Infos und Gelegenheiten, sich miteinander über die jeweiligen Themenschwerpunkte auszutauschen.

Ein gesundes Frühstück für Eltern

Drehen Sie den „Spieß" einfach mal um und bereiten Sie mit den Kindern ein Frühstück für die Eltern zu. Besprechen Sie mit den Kindern, was zu einem gesunden Frühstück in der Kita gehören könnte. Dann kaufen Sie gemeinsam ein. Anschließend darf jedes Kind für seine Eltern ein gesundes und ansprechend zubereitetes Frühstück herrichten und mit nach Hause nehmen. Diesem Frühstück könnten Sie als Anregung eine kleine „Wunsch- oder Ideenliste" mit gesunden Zutaten fürs Kinderfrühstück beilegen.

1 Informieren Sie die Eltern am Vortag über Ihre Frühstücksaktion, damit das Mitgebrachte zu Hause, anstelle des Mittagessens, auch wertgeschätzt und aufgegessen wird.

Das Kitakochbuch – ein Verkaufsschlager

Bitten Sie die Eltern mit einem Elternbrief, Ihnen eines der Lieblingsrezepte des Kitakindes aus der Familienküche abzuschreiben. Stellen Sie aus diesen Rezepten ein kleines, vielleicht sogar internationales, Kitakochbuch zusammen. Dieses Kochbuch können Sie zugunsten der Kita an ihrem Sommerfest oder auf dem Weihnachtsmarkt verkaufen.

Ein Elterncafé in der Kita

Laden Sie die Eltern zu einem Elterncafé nachmittags in die Kita ein. Für dieses Café können Sie am Vormittag mit den Kindern gesunde Snacks, wie z. B. Vollkornkekse, backen. Erstellen Sie mit den Kindern kleine Speise- und Getränkekarten. Wenn Sie die Kinder dann am Nachmittag mit Schürzen ausstatten, können Sie im Café die Bestellungen ihrer Eltern aufnehmen und diese bedienen. Die Rezepte zu den gesunden Snacks legen Sie zum Mitnehmen bereit.

Selbst gekochtes anstelle von „Catering"

Wie wäre es, wenn Sie bei Ihrem nächsten Fest das Kochen zum Programm machen. Bitten Sie die Eltern, eine Kleinigkeit beizusteuern (Gemüse o. Ä., je nach Rezept), und kochen Sie mit allen Kindern und Eltern zusammen eine Gemüsesuppe oder den leckeren „Papageienschmaus mit Käseschaum"
(Rezept: siehe Seite 126). Genießen Sie dann alle gemeinsam das Ergebnis Ihrer Arbeit.

Kochen in der Kita – ein Erfolgsrezept für die Integration

Das Thema „Kochen und Essen" ist ein sehr guter Anknüpfungspunkt in Ihrer Arbeit mit Familien aus dem Ausland. In Ländern wie der Türkei, Griechenland, Frankreich oder Italien hat das Essen einen sehr viel höheren Stellenwert als in Deutschland. Mütter ausländischer Kinder bringen oft viel Erfahrung mit, die sie bei Ihnen einbringen können. Sie haben beispielsweise ein hohes Qualitätsbewusstsein bei Lebensmitteln. Außerdem sind sie vertraut mit der Zubereitung von abwechslungsreichen Gemüsegerichten und Mahlzeiten für viele Personen.

Liebe Familie Meier,

„Liebe geht durch den Magen"

Das spüren die Kinder täglich, wenn sie ihre Brotdosen öffnen und das von Ihnen
vorbereitete Frühstück auspacken.

Wir haben in den letzten Tagen mit den Kindern viel über gesunde Ernährung gesprochen,
einiges gelernt und möchten unser „Wissen" nun morgen in die Tat umsetzen.

Deshalb:
Morgen wird in der Kita
geschält, geschnitten und gerührt.

Denn Benjamin bereitet morgen einmal für Sie ein gesundes, vollwertiges
und sehr leckeres Frühstück vor, das gut auch mal ein Mittagessen ersetzen kann,
und bringt es nach der Kita mit nach Hause.

Geben Sie Ihrem Kind dafür bitte morgen eine etwas größere zusätzliche Brotdose
mit in die Kita.

Freuen Sie sich auf die liebevollen und kreativen Ideen Ihres Kindes.
Guten Appetit!

Es grüßt Sie herzlich,

Ihr Kita-Team Villa Sonnenschein

Spiele und Lieder rund um eine gesunde Ernährung

Der Stuhl- oder Kinderkreis und das Kitafrühstück sind beliebte Bestandteile des Kitaalltags. Dort nehmen Sie sich die Zeit, um mit allen Kindern zusammenzukommen und Gemeinschaft zu pflegen.

Ein wesentlicher Teil des Stuhlkreises ist das gemeinsame Spielen und das Singen von Liedern und Spielliedern. Sie fördern durch das fröhliche Spiel in der Gemeinschaft den Zusammenhalt in der Gruppe und stärken das „Wir-Gefühl". Ein fester Bestandteil des gemeinsamen Frühstücks sollte das Singen zu Beginn des Essens sein. Es kann das Gebet / den Tischvers ersetzen oder ergänzen.

1 Sie erweitern durch tägliches Singen von Liedern zu verschiedenen Gelegenheiten das Repertoire der Kinder an Liedern, die sie auswendig kennen. Dadurch können die Kinder auch den Alltag zu Hause, z. B. mit nebenstehend abgedrucktem Lied: „Guten Appetit", bereichern und mitgestalten.

Machen Sie gesunde Ernährung zum „Ohrwurm"

Was die Kinder singen, tanzen und spielen, das bleibt ihnen im Gedächtnis. Darum ist es sinnvoll, ein Thema wie „gesunde Ernährung" damit zu verbinden. Im Folgenden finden Sie einige Anregungen für Sing- und Kreisspiele mit der Kindergruppe.

Ein bekanntes Kinderlied in moderner Variation

Sicher kennen Sie das Lied „Grün, grün, grün sind alle meine Kleider". Verwenden Sie es, leicht variiert, für ein Singspiel im Kinderkreis. Ein Kind geht oder hüpft in der Kreismitte. Alle singen dazu das bekannte Kinderlied: *„Grün, grün, grün sind alle meine Kleider, grün, grün, grün ist alles, was ich hab. Darum lieb ich alles, was so grün ist, weil mein Obst ..."*

An dieser Stelle des Liedes stellt sich das Kind vor ein anderes hin, das im Kreis sitzt. Dieses Kind muss nun den letzten Teil des Liedes vollenden, indem es beispielsweise singt: „... eine Kiwi, Kiwi ist." Es hat damit ein grünes Obst gewusst und darf nun in die Kreismitte. Liegt es mit der Antwort falsch, geht das Kind in der Mitte zum nächsten Kind weiter. Die Farbe, die besungen wird, darf jedes Kind frei wählen und es kann an der Stelle von Obst natürlich auch nach Gemüse gefragt werden.

Spielidee: Gemüsesuppe oder Obstsalat

Bei diesem Spiel sind Konzentration und schnelles Reaktionsvermögen gefragt. Darum eignet es sich für die „großen" Kitakinder ab 5 Jahren. Jedes Kind braucht für das Spiel ein Umhängeschild, auf dem eine Obstsorte dargestellt ist, wenn Sie Obstsalat spielen, oder auf dem eine Gemüsesorte abgebildet ist, wenn Sie Gemüsesuppe spielen.

Spiele und Lieder rund um eine gesunde Ernährung

Die Kinder sitzen im Stuhlkreis. Ein Kind steht in der Mitte, es hat keinen Sitzplatz. Es muss sich einen neuen Platz erspielen, indem es eine Obst- oder Gemüsesorte ganz schnell 3-mal hintereinander aufsagt (z. B. „Apfel, Apfel, Apfel"). Das Kind, welches das Apfelbild um den Hals hat, muss in dieser Zeit einmal laut seine Obstsorte („Apfel") dazwischenrufen. Hat es das geschafft, darf es sitzen bleiben. War es zu langsam und das Kind in der Mitte konnte seine Obstsorte 3-mal sagen, muss es seinen Platz hergeben und selbst in die Mitte. Wenn ein Spieler lange kein Glück hatte, weil alle gut aufpassen und schnell rufen, darf er „Obstsalat" oder „Gemüsesuppe" rufen. Dann müssen alle aufstehen und die Plätze tauschen. So hat er, wenn er schnell genug reagiert, große Chancen, einen Platz zu bekommen.

Alles Gesunde fliegt hoch

Dieses Spiel verläuft nach dem Prinzip des bekannten Kinderspiels „Alle Vögel fliegen hoch". Nur steht das Händehochnehmen in diesem Spiel nicht für Vögel, sondern für gesundes Essen. Die Kinder können im Stuhlkreis oder an Tischen sitzen. Sie beginnen, indem Sie laut rufen: „Alle Äpfel fliegen hoch!" und dabei beide Arme nach oben reißen. Die Kinder müssen nun, wenn sie der Meinung sind, dass Äpfel gesund sind, ebenfalls die Arme hochnehmen. Nun sagen Sie in den weiteren Spielrunden nicht nur gesunde Lebensmittel, sondern auch z. B.: „Alle Chips fliegen hoch."

Um die Kinder in die Irre zu führen, nehmen Sie dabei auch die Arme hoch. Das Kind, das sich von Ihnen aufs Glatteis führen lässt und ebenfalls die Arme hochnimmt, muss ausscheiden. Wer schafft es, bis zum Schluss die richtige Reaktion zu zeigen?

Spielvariante: Das Kind, das fälschlicherweise die Arme hochnimmt, darf als Nächstes das Spiel anführen und etwas Gesundes oder Ungesundes rufen.

Lied: „Guten Appetit!"

Ich bin da, mei - ne Freun - de auch und uns knurrt schon sehr der Bauch; drum

Sin - gen al - le mit: gu - ten Ap - pe - tit! Jetzt geht's los, jetzt geht's los!

2. Strophe: Kla-tschen al-le mit: Gu-ten Ap-pe-tit!
3. Strophe: Stam-pfen al-le mit: Gu-ten Ap-pe-tit!
4. Strophe: Schnal-zen al-le mit: Gu-ten Ap-pe-tit! (Kinder schnalzen die 2 Worte!)

Text und Melodie: Ellen Tsalos

Und man „spielt" eben doch mit dem Essen...!

„Man spielt nicht mit dem Essen!" ist ein Satz, den Sie sicher noch aus Ihrer Kindheit kennen.

Bestimmt haben Sie aber auch schon beim Kitafrühstück den Kindern ihr mitgebrachtes Obst „versüßt", indem Sie aus Äpfeln Fliegenpilze geschnitzt oder Bananen in wilde gelbe Drachen verwandelt haben.

1 Kinder brauchen die spielerische Beschäftigung mit dem Essen. Es weckt ihre Lust und Neugier darauf. Darum gilt: Ein wenig mit dem Essen spielen ist im Kitaalter noch erlaubt.

„Das kenn ich nicht, das ess ich nicht!"

Kinder sind, was ihr Essverhalten betrifft, konservativ. Sie mögen meist das, was sie gut kennen, und das sind wiederum die Gerichte, die sie häufig aussuchen, wenn sie die Wahl haben. So steht Pommes mit Ketchup auch ganz oben auf der Liste der beliebtesten Kindergerichte.

Kinder essen das gerne, was sie kennen, denn dadurch werden sie vor unangenehmen Erfahrungen geschützt. Respektieren Sie also, wenn ein Kind von etwas nicht probieren möchte. Essen muss immer freiwillig sein.

Gesunde Ernährung lustig „verpackt"

Wenn Sie die Kostproben gesunder Ernährung in lustige Spiele „verpacken", motivieren Sie die Kinder, neue Geschmackserfahrungen zu wagen.

Viele Kinder leiden heutzutage unter Allergien. Informieren Sie darum die Eltern, bevor Sie folgende Spiele mit den Kindern spielen, und erkundigen Sie sich, ob alle Kinder mitessen können.

Der Feinschmecker

Stellen Sie auf einen Tisch, der hinter einem Vorhang oder einer Stellwand verborgen ist, verschiedene Lebensmittel, wie Gebäck, Obst, Gemüse oder Süßigkeiten. Bitten Sie nun ein Kind, am Tisch Platz zu nehmen. Es ist der „Feinschmecker" und soll eine Sache vom Tisch nehmen und essen. Dabei soll es genau, aber doch rätselhaft beschreiben, was es beim Essen fühlt, hört, sieht und schmeckt.

Beispielsweise könnte es sagen: „Es hat meine Lieblingsfarbe und ist lang und dünn. Beim Abbeißen hat es geknackt. Es ist sehr hart und schwierig zu kauen. Irgendwie schmeckt es frisch" (Karotte). Oder: „Wenn ich es auspacke, knistert es. Ich kann ein Stück davon abbrechen. Wenn ich es lutsche, zerfließt es und schmeckt sehr süß und gut"

(Schokolade). Die anderen Kinder raten, was der Feinschmecker isst. Wer es errät, darf der nächste Feinschmecker sein.

Die Joghurtprobe oder „Babyfütterung"

In diesem Spiel geht es darum, dass die Kinder versuchen, eine Joghurtsorte am Geschmack zu erkennen. Denn bei der Vielfalt der gemischten Joghurts, Drinks, Frischkäse- und Quarkspeisen können die kindlichen Geschmacksnerven oft keine Frucht mehr herausschmecken. Sensibilisieren Sie die Kinder dafür, sich ganz auf das Geschmackserlebnis zu konzentrieren.

Richten Sie dazu 3 bekannte Sorten Fruchtjoghurt in 3 Schälchen auf einem Tisch an. Die Kinder bilden, jedes mit einem Teelöffel in der Hand, vor dem Tisch eine Reihe. Sie haben am Tisch Block und Bleistift zur Hand. Nun gibt das 1. Kind in der Reihe Ihnen seinen Löffel und Sie füttern es mit der 1. Sorte. Es soll sorgfältig schmecken und raten, welche Sorte es probiert hat. Schreiben Sie den Namen des Kindes und dessen Vermutung auf. Dann stellt sich das Kind wieder hinten an. So geht es weiter, bis alle 3 Sorten von allen getestet wurden. Wer alles richtig erkannt hat, ist der „Joghurt-King".

Tipp: Im Anschluss an dieses Spiel könnten Sie mit den Kindern mit frischen Bananen oder Erdbeeren einen Fruchtquark zubereiten. Schmeckt dieser selbst gemachte Quark anders als der gekaufte?

Für besonders Mutige: das Löffelspiel

Das Löffelspiel ist für ältere Kinder geeignet und nichts für schwache Geschmacksnerven. Sie brauchen dazu 10 Teelöffel. Auf jeden geben Sie eine Kostprobe völlig unterschiedlicher Lebensmittel, wie z. B. Honig, Ketchup oder Frischkäse. Alle Löffel legen Sie mit dem Griff nach außen auf einen Teller. Was sich auf den Löffeln befindet, wird verdeckt, indem Sie z. B. den Deckel einer Plastikbox oder ein Stück Alufolie darüber legen. Die Kinder sitzen um den Teller.

Ein Kind beginnt, mit einem Zahlenwürfel zu würfeln. Es muss nun, ausgehend von einem beliebigen Löffel, seine Augenzahl an den Löffeln abzählen. Den Löffel, bei dem es endet, muss es nehmen. Es schließt vor dem Kosten die Augen, damit es nicht sieht, was sich auf dem Löffel befindet. Nun probiert es und rät, was es soeben gekostet hat. Das kostet viel Überwindung und Mut, wenn das Kind sich beim Geschmack überraschen lassen muss. Das nächste Kind zählt vom leeren Löffel aus weiter. Das Spiel geht so lange, bis alle Löffel verkostet sind.

Checkliste: Haben die Kinder genügend Möglichkeiten, Lebensmittel spielerisch kennenzulernen?

	o. k.?
Sie kennen einige Varianten, wie Sie den Kindern ihr mitgebrachtes Obst oder Gemüse ansprechend bzw. lustig anrichten.	❏
Sie haben gemeinsames Kochen und Backen in fröhlicher Atmosphäre in Ihren Alltag integriert.	❏
Sie achten auf darauf, Speisen kindgerecht und appetitanregend anzurichten, wenn Sie ein gesundes Frühstück o. Ä. in der Einrichtung anbieten.	❏
Sie bieten immer wieder gesunde und frische Lebensmittel als Kostproben an.	❏
Sie geben den Kindern die Möglichkeit, gesunde Lebensmittel dadurch kennen zu lernen, dass Sie sie mehrmals in gewissen Abständen kosten lassen.	❏
Sie zwingen die Kinder nicht, zu probieren bzw. etwas zu essen, von dem Sie wissen, dass diese es nicht mögen.	❏
Sie bestehen nicht darauf, dass die Kinder auch das, was sie nicht mögen, aufessen müssen, nur weil sie davon gekostet haben.	❏
Sie spielen Spiele, die hohen Aufforderungscharakter haben und den Spaß und die Freude am Essen und Ausprobieren fördern.	❏
Sie ermöglichen es den Kindern, Lebensmittel mit allen Sinnen kennen zu lernen, z. B. durch Riechen, Tasten und Schmecken.	❏
Sie ermutigen die Kinder dazu, auch ihnen unbekannte Lebensmittel zu probieren.	❏
Sie haben in einer Mitteilung an die Eltern darüber informiert, welche Lebensmittel die Kinder zu sich nehmen, und das Einverständnis der Eltern schriftlich eingeholt.	❏

Checkliste auf CD-ROM

Das rechte Maß beim Essen finden

Wie essen die Kinder in Ihrer Kita? Wie ein Spatz? Oder haben einige ständig einen Bärenhunger? Sicherlich wechselt das Essverhalten der Kinder je nach Entwicklungsstufe. Befindet sich das Kind gerade in einer Wachstumsphase, wird es mehr Energie benötigen. Darüber hinaus verbinden Kinder mit dem Essen nicht nur die Aufnahme von „Brennstoff" für den Körper. Essen verschafft auch Wohlbefinden und Genuss und bringt uns durch eine gemeinsame Mahlzeit mit anderen in Kontakt.

Den natürlichen Umgang bewahren

Essen ist etwas Gutes, Schönes und Wichtiges. Trotzdem stellen immer mehr Wissenschaftler fest, dass Kinder ein Problem mit Essen haben. Bei einer Studie des Robert-Koch-Institutes von 2003 bis 2006 hat man festgestellt, dass 15 % aller Kinder und Jugendlichen im Alter von 3 bis 17 Jahren übergewichtig waren. Damit besteht das Problem des Übergewichts schon im Kitaalter.

Viele Kinder leiden heute immer früher an einer so genannten Essstörung. Man spricht von einem gestörten Essverhalten bei Kindern, wenn sie viel mehr und viel öfter als nötig über eine längere Zeit essen. Diese Kinder haben verlernt, auf ihren Körper und dessen Signale zu hören. Helfen Sie den Kindern, sich ihre eigenen Bedürfnisse bewusst zu machen und ein natürliches Verhältnis zum Essen zu bewahren oder neu zu gewinnen.

Voraussetzungen für ein gesundes Essverhalten

Sicherlich bieten Sie Kindern in Ihrer Einrichtung gesundes und ausgewogenes Essen an. Oder Sie veranstalten Aktionen, wie z. B. „Mein gesundes Frühstück", bei denen Kinder gesunde Nahrungsmittel kennen lernen. Neben der Wahl von gesunden Lebensmitteln ist auch die richtige Menge ausschlaggebend, um ein gesundes Aufwachsen der Kinder zu sichern. Damit Ihnen die Vermittlung des rechten Maßes an die Kinder gelingt, sollten Sie verschiedene Dinge beachten:

Fördern Sie echte Esslust!

Nur wer etwas lustvoll macht, kann es genießen und fühlt sich dabei wohl. Kinder sind in der Regel noch Genießer in allen Lebensbereichen. Sie können sich lustvoll mit Schlamm beschmieren, verträumt einer Geschichte lauschen oder eben Essen genießen. Um die Lust am Essen zu fördern, sollten Sie auf kleine Portionen achten. Wer einen riesigen Berg vor sich auf dem Teller hat, verliert entweder die Lust am Essen oder schlingt alles nur in sich hinein. Geben Sie den Kindern Zeit zum Essen, dann kann Genuss entstehen. Bereiten Sie Speisen ansprechend zu, z. B. indem Sie sie in mundgerechte Stücke schneiden.

Zwingen Sie Kinder nicht zum Essen!

Kennen Sie den Ausspruch: „Iss deinen Teller leer, damit du groß und stark wirst!"? Damit

Das rechte Maß beim Essen finden

werden Kinder aufgefordert, das Essen zu beenden, wenn der Teller leer, nicht wenn der Hunger gestillt ist. Kinder essen mal mehr und mal weniger. Das ist ganz normal, da der Bedarf der Kinder ständig schwankt und abhängig von Bewegung, Wachstumsphasen oder einfach von Stimmungen ist. Durch den Zwang, eine Portion aufessen zu müssen, wird Kindern ihr natürliches Hunger- und Sättigungsgefühl abtrainiert. Lassen Sie die Kinder selbst entscheiden, wie viel sie essen wollen. Wenn sie eine ausgewogene Kost angeboten bekommen, werden sie sich nehmen, was sie wirklich brauchen. Vertrauen Sie darauf. So fördern Sie eigenverantwortliches und ungezwungenes Essverhalten.

Setzen Sie Essen nicht als Erziehungsmittel ein!

Essen darf niemals Strafe oder Belohnung für ein Verhalten oder eine Leistung sein! Achten Sie darauf, dass Sie nicht versuchen, Kinder z. B. mit einer Süßigkeit zu trösten, sondern stattdessen in den Arm nehmen. Setzen Sie Essen auch nicht als Bestrafung ein, z. B.: „Erst wenn du alles aufgegessen hast, darfst du mit uns in den Garten gehen." Kinder verlernen sonst, nach ihrem inneren Impuls zu handeln, und achten nicht mehr auf ihre eigentlichen Bedürfnisse, wie Hunger oder Sättigung.

1 Helfen Sie Kindern, ihren Körper bewusst wahrzunehmen und zu schätzen

Nur was man schätzt, kann man auch schützen. Wenn Kinder also ihren Körper kennen und mögen, können sie auch für ihn sorgen. Vermitteln Sie Kindern spielerisch ein gutes Bild von ihrem Körper, z. B. indem Sie gemeinsam darüber singen oder Körpererfahrungsspiele dazu machen. Nebenstehend finden Sie ein Lied, in dem Kinder ausdrücken lernen, dass sie sich und ihren Körper akzeptieren. Ermöglichen Sie den Kindern außerdem viele Bewegungszeiten. So lernen sie, was ihr Körper kann, was alles zu ihm gehört und wie er funktioniert.

Lied: „Ich mag mich leiden!"

Ich bin ich, ich mag mich lei - den!

Ich bin ich, ich schau mich an!

Hab 2 Fü - ße, hab 2 Bei - ne,

dass ich ganz schnell lauf - fen kann!

Text und Melodie: Petra Bartoli

2. Strophe: Ich bin ich, ich mag mich leiden!
               Ich bin ich, ich schau mich an:
               Hab 2 Hände, hab 2 Arme,
               dass ich ganz wild winken kann!

3. Strophe: Ich bin ich, ich mag mich leiden!
               Ich bin ich, ich schau mich an:
               Hab 2 Augen, hab 2 Ohren,
               dass ich sehn und hören kann!

4. Strophe: Ich bin ich, ich mag mich leiden!
               Ich bin ich, ich schau mich an:
               Hab 'nen Mund und viele Zähne,
               dass ich selber essen kann!

5. Strophe: Ich bin ich, ich mag mich leiden!
               Ich bin ich, ich schau mich an:
               Ich hab einen tollen Körper,
               mit dem ich vieles machen kann!